琉球風水志シウマの

NINE NUMBER
FORTUNE TELLING

ナインナンバー
[占い大全]

将来の不安も

人間関係もスーッと解消！

JN222750

琉球風水志
シウマ

はじめに

琉球風水志として活動を始めてから21年。
これまでにさまざまな本を出してきましたが、
今回、満を持してこの「ナインナンバー」占いの本を
出版するはこびとなりました。

「ナインナンバー」は、九星気学という占いを
ベースに編み出したものです。
九星気学については後ほど触れますが、
簡単に説明すると
人は生まれ年によって9つの星（九星）に分類されます。

この九星の数字が自分のナンバーとなり、
ナンバーごとに秘められた運勢や特性をひもといたのが、
琉球風水志シウマの「ナインナンバー」なのです。

「それじゃ、同じ生まれ年の人はみんな同じ運勢や特性なの？」
と思われる方もいらっしゃるかもしれませんが、
人の顔が全員違うように、
同じ生まれ年、ナンバーだからといって
まったく同じになることはありません。
ただ、不思議と共通する傾向はあるのです。

学生時代を思い返してみたとき、
自分たちの学年と1つ上や下の学年とでは、
カラーが違っていませんでしたか？
それは「ナインナンバー」の
特性が出ているからなのです。

実際、学校の先生や新卒採用の人事担当の方からは
「ナインナンバー」に書いてあることがとてもよくわかる!
……といった声をお聞きします。
当事者同士ではわからなくても、俯瞰してみると
「ナインナンバー」の特性が顕著に表れているのです。

ナインナンバーに秘められた運勢や特性がわかると
自分の個性をより生かす人生の選択に役立ったり、
職場、友達、家族など人づきあいのコツがわかったりします。

特に最近は、ストレスの9割は人間関係といわれる時代。
自分と相手のナンバーの相性やトリセツを把握して接すれば、
よりよい関係が築けるようにもなります。
例えばナンバー1の人に対しては、
しつこくかまうよりもひとりでやらせたほうがよく、
ナンバー6の人に対しては、
論理的に伝えると素直に聞いてもらえるはず。

さらに、ナンバーごとの開運ポイントも紹介しているので、
自分のナンバーをチェックして運気を上げましょう!
あなたがより自分らしく、楽しく生きるための指針として
「ナインナンバー」を活用していただければ幸いです。

琉球風水志シウマ

CONTENTS

はじめに —— 2

第1章
ナインナンバーとは？ —— 7
ナインナンバーでわかること —— 8
9種のナンバーの特性 —— 9
ベースになっているのは
九星気学・五行・干支 —— 10
九星気学の基本概念
方位と自然のエネルギー —— 11
相性占いの基本となる
五行の意味と関係を知ろう —— 12
より詳しい特性がわかる
干支（十二支）も反映した占い —— 13
ナインナンバー早見表 —— 14
教えてシウマさん！
ナインナンバーQ&A —— 16

第2章
ナインナンバーに秘められた運命 —— 19

ナンバー1 自由を求める掴みどころのない人 —— 20
基本特性 —— 20
才能と適職／人間関係 —— 21
金運／恋愛運／結婚・家庭運／健康運 —— 22
長所と短所／自分らしく生きるキーワード —— 23
基本ステータス／あなたはこんな人 —— 24
十二支別ナンバー1の特性／ナンバー1の有名人 —— 25
ラッキーナンバー／ラッキーカラー／
ラッキーアイテム／ラッキーフード／ラッキースポット —— 26
シウマからの開運メッセージ —— 27

ナンバー2 思いやりがあり世話好きな人 —— 28
基本特性 —— 28
才能と適職／人間関係 —— 29
金運／恋愛運／結婚・家庭運／健康運 —— 30
長所と短所／自分らしく生きるキーワード —— 31
基本ステータス／あなたはこんな人 —— 32
十二支別ナンバー2の特性／ナンバー2の有名人 —— 33
ラッキーナンバー／ラッキーカラー／
ラッキーアイテム／ラッキーフード／ラッキースポット —— 34
シウマからの開運メッセージ —— 35

ナンバー3 行動力があるさっぱりした人 —— 36
基本特性 —— 36
才能と適職／人間関係 —— 37
金運／恋愛運／結婚・家庭運／健康運 —— 38
長所と短所／自分らしく生きるキーワード —— 39
基本ステータス／あなたはこんな人 —— 40
十二支別ナンバー3の特性／ナンバー3の有名人 —— 41
ラッキーナンバー／ラッキーカラー／
ラッキーアイテム／ラッキーフード／ラッキースポット —— 42
シウマからの開運メッセージ —— 43

ナンバー4 協調性があり人当たりのいい人 —— 44
基本特性 —— 44
才能と適職／人間関係 —— 45
金運／恋愛運／結婚・家庭運／健康運 —— 46
長所と短所／自分らしく生きるキーワード —— 47
基本ステータス／あなたはこんな人 —— 48
十二支別ナンバー4の特性／ナンバー4の有名人 —— 49
ラッキーナンバー／ラッキーカラー／
ラッキーアイテム／ラッキーフード／ラッキースポット —— 50
シウマからの開運メッセージ —— 51

ナンバー5 義理人情に厚く我が道を行く人 —— 52
基本特性 —— 52
才能と適職／人間関係 —— 53
金運／恋愛運／結婚・家庭運／健康運 —— 54
長所と短所／自分らしく生きるキーワード —— 55
基本ステータス／あなたはこんな人 —— 56
十二支別ナンバー5の特性／ナンバー5の有名人 —— 57
ラッキーナンバー／ラッキーカラー／
ラッキーアイテム／ラッキーフード／ラッキースポット —— 58
シウマからの開運メッセージ —— 59

ナンバー6 ルールに厳しい結果主義な人 —— 60
基本特性 —— 60
才能と適職／人間関係 —— 61
金運／恋愛運／結婚・家庭運／健康運 —— 62
長所と短所／自分らしく生きるキーワード —— 63
基本ステータス／あなたはこんな人 —— 64
十二支別ナンバー6の特性／ナンバー6の有名人 —— 65
ラッキーナンバー／ラッキーカラー／
ラッキーアイテム／ラッキーフード／ラッキースポット —— 66
シウマからの開運メッセージ —— 67

ナンバー7 おもてなし上手で楽天的な人 ——— 68
- 基本特性 ——— 68
- 才能と適職／人間関係 ——— 69
- 金運／恋愛運／結婚・家庭運／健康運 ——— 70
- 長所と短所／自分らしく生きるキーワード ——— 71
- 基本ステータス／あなたはこんな人 ——— 72
- 十二支別ナンバー7の特性／ナンバー7の有名人 ——— 73
- ラッキーナンバー／ラッキーカラー／ラッキーアイテム／ラッキーフード／ラッキースポット ——— 74
- シウマからの開運メッセージ ——— 75

ナンバー8 コツコツまじめで頑固な人 ——— 76
- 基本特性 ——— 76
- 才能と適職／人間関係 ——— 77
- 金運／恋愛運／結婚・家庭運／健康運 ——— 78
- 長所と短所／自分らしく生きるキーワード ——— 79
- 基本ステータス／あなたはこんな人 ——— 80
- 十二支別ナンバー8の特性／ナンバー8の有名人 ——— 81
- ラッキーナンバー／ラッキーカラー／ラッキーアイテム／ラッキーフード／ラッキースポット ——— 82
- シウマからの開運メッセージ ——— 83

ナンバー9 センスがあり魅せる力のある人 ——— 84
- 基本特性 ——— 84
- 才能と適職／人間関係 ——— 85
- 金運／恋愛運／結婚・家庭運／健康運 ——— 86
- 長所と短所／自分らしく生きるキーワード ——— 87
- 基本ステータス／あなたはこんな人 ——— 88
- 十二支別ナンバー9の特性／ナンバー9の有名人 ——— 89
- ラッキーナンバー／ラッキーカラー／ラッキーアイテム／ラッキーフード／ラッキースポット ——— 90
- シウマからの開運メッセージ ——— 91

ナインナンバーでわかる! なんでもランキング①
宇宙人TOP3／美食家TOP3 ——— 92

第3章 シーン別ナインナンバーあるある ——— 93

食べ物あるある編 ——— 94
- #おでんで最初に食べるもの ——— 94
- #ランチに行ったとき ——— 96
- #焼き肉に行ったとき ——— 98
- #スイーツを食べるとき ——— 100
- #おうちごはん&冷蔵庫 ——— 102

習慣あるある編 ——— 104
- #宿題&課題があるとき ——— 104
- #ドライブや移動手段 ——— 106
- #待ち合わせのとき ——— 108
- #お風呂に入ったとき ——— 110
- #推し活するとき ——— 112

コミュニケーションあるある編 ——— 114
- #朝のあいさつ ——— 114
- #恋愛をしたら… ——— 116
- #旅行するとき ——— 118
- #怒ったとき ——— 120
- #ストレスがたまったとき ——— 122

ナインナンバーでわかる! なんでもランキング②
めんどくさがりTOP3／倹約家TOP3 ——— 124

第4章 ナインナンバーで占う相性とトリセツ ——— 125

ナインナンバーでわかる相関図&相性ランキング ——— 126
ナインナンバーの相性は的中率抜群 ——— 126

- 相関図&相性ランキング **ナンバー1／ナンバー2** ——— 127
- 相関図&相性ランキング **ナンバー3／ナンバー4** ——— 128
- 相関図&相性ランキング **ナンバー5／ナンバー6** ——— 129
- 相関図&相性ランキング **ナンバー7／ナンバー8** ——— 130
- 相関図&相性ランキング **ナンバー9** ——— 131

- **ナンバー1×ナンバー1** の相性とトリセツ ——— 132
- **ナンバー1×ナンバー2** の相性とトリセツ ——— 134
- **ナンバー1×ナンバー3** の相性とトリセツ ——— 136
- **ナンバー1×ナンバー4** の相性とトリセツ ——— 138

CONTENTS

ナンバー1×ナンバー5 の相性とトリセツ	140
ナンバー1×ナンバー6 の相性とトリセツ	142
ナンバー1×ナンバー7 の相性とトリセツ	144
ナンバー1×ナンバー8 の相性とトリセツ	146
ナンバー1×ナンバー9 の相性とトリセツ	148
ナンバー2×ナンバー2 の相性とトリセツ	150
ナンバー2×ナンバー3 の相性とトリセツ	152
ナンバー2×ナンバー4 の相性とトリセツ	154
ナンバー2×ナンバー5 の相性とトリセツ	156
ナンバー2×ナンバー6 の相性とトリセツ	158
ナンバー2×ナンバー7 の相性とトリセツ	160
ナンバー2×ナンバー8 の相性とトリセツ	162
ナンバー2×ナンバー9 の相性とトリセツ	164
ナンバー3×ナンバー3 の相性とトリセツ	166
ナンバー3×ナンバー4 の相性とトリセツ	168
ナンバー3×ナンバー5 の相性とトリセツ	170
ナンバー3×ナンバー6 の相性とトリセツ	172
ナンバー3×ナンバー7 の相性とトリセツ	174
ナンバー3×ナンバー8 の相性とトリセツ	176
ナンバー3×ナンバー9 の相性とトリセツ	178
ナンバー4×ナンバー4 の相性とトリセツ	180
ナンバー4×ナンバー5 の相性とトリセツ	182
ナンバー4×ナンバー6 の相性とトリセツ	184
ナンバー4×ナンバー7 の相性とトリセツ	186
ナンバー4×ナンバー8 の相性とトリセツ	188
ナンバー4×ナンバー9 の相性とトリセツ	190
ナンバー5×ナンバー5 の相性とトリセツ	192
ナンバー5×ナンバー6 の相性とトリセツ	194
ナンバー5×ナンバー7 の相性とトリセツ	196
ナンバー5×ナンバー8 の相性とトリセツ	198
ナンバー5×ナンバー9 の相性とトリセツ	200
ナンバー6×ナンバー6 の相性とトリセツ	202
ナンバー6×ナンバー7 の相性とトリセツ	204
ナンバー6×ナンバー8 の相性とトリセツ	206
ナンバー6×ナンバー9 の相性とトリセツ	208
ナンバー7×ナンバー7 の相性とトリセツ	210
ナンバー7×ナンバー8 の相性とトリセツ	212
ナンバー7×ナンバー9 の相性とトリセツ	214
ナンバー8×ナンバー8 の相性とトリセツ	216
ナンバー8×ナンバー9 の相性とトリセツ	218
ナンバー9×ナンバー9 の相性とトリセツ	220

おわりに —— 222

第1章

WHAT'S NINE NUMBER?

ナインナンバーとは？

ナインナンバーで
わかること

生年月日から割り出す
全9種類のナンバー

　ナインナンバーは九星気学という占いによって導き出される数字です。九星気学は古代中国で生まれた、暦の構成要素のひとつでもあり、生まれた日、月、年が九星のいずれかに該当します。
　この九星は一白水星、二黒土星、三碧木星、四緑木星、五黄土星、六白金星、七赤金星、八白土星、九紫火星の9種類あり、それぞれ性質が異なります。そして、生まれ年の九星の頭の数字＝ナインナンバーを使った占いが「ナインナンバー占い」です。

ナンバーごとの特性や才能、
相性がわかる！

　九星は「人の気」を持っています。そのため、ナンバーごとにその人の特性や才能がわかるのです。それは自身で認識している特性や才能だけではありません。自分の中に隠されている、本来の姿も解き明かしてしまいます。

　また、自分と相手のナインナンバーを使えば相性を占うこともできるので、よりよい関係を築くのに役立ちます。つまり、ナインナンバーをうまく使えば、人生をより充実したものに変えることができるのです。

9 種のナンバーの特性

ナンバー1
自由を求める
掴みどころのない人

ナンバー2
思いやりがあり
世話好きな人

ナンバー3
行動力がある
さっぱりした人

ナンバー4
協調性があり
人当たりのいい人

ナンバー5
義理人情に厚く
我が道を行く人

ナンバー6
ルールに厳しい
結果主義な人

ナンバー7
おもてなし上手で
楽天的な人

ナンバー8
コツコツまじめで
頑固な人

ナンバー9
センスがあり
魅せる力のある人

ベースになっているのは
九星気学・五行・干支

　ナインナンバーは九星気学だけでなく、五行と干支も反映して編み出しています。

　五行は、九星気学と同じように古代中国で誕生したもので、「この世の中のものはすべて『木・火・土・金・水』の5つの元素に分類される」という考え方です。

　一方の干支は、みなさんもよくご存じのいわゆる子・丑・寅といった十二支に、十干という要素を合わせたものです。実は「2025年の干支は巳」というのは厳密にいうと間違いで、十干の乙と合わせた「乙巳」が正しい干支になります。

　そしてナインナンバーはこの3つを組み合わせているため、より的確にその人の特性や才能、相性が詳しくわかるというわけです。

九星
宇宙の大きなエネルギー＝精気を9つに分け、そのエネルギーと五行を合わせたのが九星です。この九星を使って日・月・年の吉凶や運気の流れを占い、さらに方位のパワーを使って開運するのが九星気学です。

五行
九星気学のほか風水や四柱推命など、あらゆる東洋占術の基本となっている考え方です。ナインナンバー占いでは生まれ年の九星と干支、それぞれの五行の関係性なども踏まえているので、より精度が高くなっています。

干支
十干は「甲・乙・丙・丁・戊・己・庚・辛・壬・癸」の10種類で、12種類の十二支との組み合わせは全60パターンとなります。つまり60年で一周することになるため、60歳を「還暦」としてお祝いするのです。

九星気学の基本概念
方位と自然のエネルギー

九星気学では方位ごとに持つエネルギーが異なると考えます。そして方位を8つに分け、さらに中央を足し、九星と自然のエネルギーを当てはめています。

これはナンバーにも共通しているので、例えばナンバー1の人は「水」の特性があり、原則として「北」のエネルギーを持っています。

ただしこの基本の方位とは別に、九星が時間、日、月、年ごとに移動することによって、方位の吉凶が変わります。

この吉凶方位はネットなどで調べられますので、引っ越しや7日以上の旅行では凶方位を避けましょう。また、九星気学の方位は南が上になり、通常の東西南北と逆になるので見間違えないよう注意が必要です。

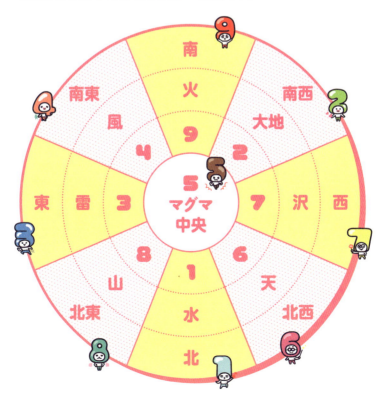

相性占いの基本となる
五行の意味と関係を知ろう

五行にはそれぞれ意味があり、「木」は樹木や木製品を指し、万物を成長させ、「火」は火・熱・光を指し、万物を旺盛にさせます。「土」は土を指し、生育と腐敗という相反する意味を持ちます。「金」は鉱物や金属製品を指し、物事を結実させるという意味があり、「水」は水や液体を指し、流動的かつ静かに春を待つという意味があります。

また、五行は下の図のようにそれぞれ影響し合っていると考えられています。なお、同じ五行は「比和」といってお互いの性質を高めます。

ナンバー1は水、2と5と8は土、3と4が木、6と7が金、9が火に該当します。ナインナンバーではこの五行の性質からそれぞれの特性を割り出し、その関係性から相性を占っていきます。

相生	相剋	比和
そうしょう	そうこく	ひわ
よい影響を与える関係	悪い影響を与える関係	お互いの性質を高める

※同じ五行は比和になる

より詳しい特性がわかる
干支(十二支)も反映した占い

干支は本来、「天の気」を持つ十干と、「地の気」を持つ十二支を組み合わせたものです。そして、この干支に「人の気」を持つ九星を組み合わせたものが暦になるわけです。ちなみに2025年の暦を正式に表すと「乙巳二黒土星」になります。

なお、各ナインナンバーはそれぞれ4つの十二支が該当します。

例えばナンバー1の人は、子、卯、午、酉年生まれのいずれかになります。言い換えると、1つの十二支は3つのナインナンバーのいずれかに該当するということになります。「子」の人ならナンバー1か4か7に該当するわけです。

そしてナインナンバーでは、この十二支との関係性も踏まえてそれぞれの特性を占っています。

ナインナンバーの関係

ナンバー1	ナンバー2	ナンバー3
子卯午酉	寅巳申亥	丑辰未戌
ナンバー4	ナンバー5	ナンバー6
子卯午酉	寅巳申亥	丑辰未戌
ナンバー7	ナンバー8	ナンバー9
子卯午酉	寅巳申亥	丑辰未戌

ナインナンバー 早見表

ナンバー1	ナンバー2	ナンバー3	ナンバー4
2026年 （令和8年） 丙午	2025年♥ （令和7年） 乙巳	2024年 （令和6年） 甲辰	2023年 （令和5年） 癸卯
2017年 （平成29年） 丁酉	2016年 （平成28年） 丙申	2015年 （平成27年） 乙未	2014年 （平成26年） 甲午
2008年 （平成20年） 戊子	2007年 （平成19年） 丁亥	2006年 （平成18年） 丙戌	2005年 （平成17年） 乙酉
1999年 （平成11年） 己卯	1998年 （平成10年） 戊寅	1997年 （平成9年） 丁丑	1996年 （平成8年） 丙子
1990年 （平成2年） 庚午	1989年 （昭和64年／平成元年） 己巳	1988年 （昭和63年） 戊辰	1987年 （昭和62年） 丁卯
1981年 （昭和56年） 辛酉	1980年★ （昭和55年） 庚甲	1979年 （昭和54年） 己未	1978年 （昭和53年） 戊午
1972年★ （昭和47年） 壬子	1971年 （昭和46年） 辛亥	1970年 （昭和45年） 庚戌	1969年 （昭和44年） 己酉
1963年 （昭和38年） 癸卯	1962年 （昭和37年） 壬寅	1961年 （昭和36年） 辛丑	1960年★ （昭和35年） 庚子
1954年 （昭和29年） 甲午	1953年 （昭和28年） 癸巳	1952年★ （昭和27年） 壬辰	1951年★ （昭和26年） 辛卯
1945年 （昭和20年） 乙酉	1944年★ （昭和19年） 甲申	1943年★ （昭和18年） 癸未	1942年 （昭和17年） 壬午
1936年★ （昭和11年） 丙子	1935年★ （昭和10年） 乙亥	1934年 （昭和9年） 甲戌	1933年 （昭和8年） 癸酉
1927年★ （昭和2年） 丁卯	1926年 （大正15年／昭和元年） 丙寅	1925年 （大正14年） 乙丑	1924年★ （大正13年） 甲子

早見表であなたのナインナンバーを調べてみましょう。誕生日が1月1日から節分の日（立春の前日）の人は、前の年（右隣）のナインナンバーが該当します。各年の節分は、マークがないものは2月3日、♥は2月2日、★は2月4日です。

例 1972年2月4日生まれ → ナンバー2

ナンバー5	ナンバー6	ナンバー7	ナンバー8	ナンバー9
2022年 (令和4年) 壬寅	2021年♥ (令和3年) 辛丑	2020年 (令和2年) 庚子	2019年 (平成31年/ 令和元年) 己亥	2018年 (平成30年) 戊戌
2013年 (平成25年) 癸巳	2012年 (平成24年) 壬辰	2011年 (平成23年) 辛卯	2010年 (平成22年) 庚寅	2009年 (平成21年) 己丑
2004年 (平成16年) 甲申	2003年 (平成15年) 癸未	2002年 (平成14年) 壬午	2001年 (平成13年) 辛巳	2000年 (平成12年) 庚辰
1995年 (平成7年) 乙亥	1994年 (平成6年) 甲戌	1993年 (平成5年) 癸酉	1992年 (平成4年) 壬申	1991年 (平成3年) 辛未
1986年 (昭和61年) 丙寅	1985年 (昭和60年) 乙丑	1984年* (昭和59年) 甲子	1983年 (昭和58年) 癸亥	1982年 (昭和57年) 壬戌
1977年 (昭和52年) 丁巳	1976年* (昭和51年) 丙辰	1975年 (昭和50年) 乙卯	1974年 (昭和49年) 甲寅	1973年 (昭和48年) 癸丑
1968年* (昭和43年) 戊申	1967年 (昭和42年) 丁未	1966年 (昭和41年) 丙午	1965年 (昭和40年) 乙巳	1964年* (昭和39年) 甲辰
1959年 (昭和34年) 己亥	1958年 (昭和33年) 戊戌	1957年 (昭和32年) 丁酉	1956年* (昭和31年) 丙申	1955年 (昭和30年) 乙未
1950年 (昭和25年) 庚寅	1949年 (昭和24年) 己丑	1948年* (昭和23年) 戊子	1947年* (昭和22年) 丁亥	1946年 (昭和21年) 丙戌
1941年 (昭和16年) 辛巳	1940年* (昭和15年) 庚辰	1939年* (昭和14年) 己卯	1938年 (昭和13年) 戊寅	1937年 (昭和12年) 丁丑
1932年* (昭和7年) 壬申	1931年* (昭和6年) 辛未	1930年 (昭和5年) 庚午	1929年 (昭和4年) 己巳	1928年* (昭和3年) 戊辰
1923年* (大正12年) 癸亥	1922年 (大正11年) 壬戌	1921年 (大正10年) 辛酉	1920年* (大正9年) 庚申	1919年* (大正8年) 己未

WHAT'S NINE NUMBER?

教えてシウマさん！
ナインナンバー Q&A

Q. 同じナインナンバーなら同じ性格になる？

A. 条件が異なるので まったく同じにはなりません

　よく「同じナインナンバーだとみんな同じ性格になるの？」「あの人と同じナインナンバーなのに、性格が全然違うのはなぜ？」といった質問をいただきます。結論から言うと、基本的な特性は似てくるものの、同じナンバーだからといってまったく同じ性格にはなりません。それは、人はそれぞれ条件がいろいろ異なるからです。

　なので、生年月日の干支や親のナインナンバー、さらには育った環境や影響を受けた人物などがすべて同じ双子の場合だと、とくに幼少期はほぼそっくりになります。とはいえ、名前の画数が違えばやはり性格も変わってきますし、「書いてあることが当てはまらない」からといって不安になる必要はありません。

　また、自分では違うと思っていても、人から見たらバッチリ当てはまっているというケースもよくあります。なので、「当たっていないじゃないか」と読み飛ばすのではなく、「もしかしたら自分にこういうところがあるのかも」と参考にしてもらえればと思います。

Q. ナインナンバーをどう活用すればいい？

A. 人間関係をよくするためのツールにしてください

　ナインナンバーはその人の特性や、自らは気づいていない本質的な部分まで出しています。まずは自分自身をよく知って、相手と接する際に気をつけるべき点があるなら、そこを改善しましょう。

　また家族や職場の人、友人、パートナーなどのナンバーの特性を知っておけば、よりよい関係を築きやすくなります。

　例えば、相手が「束縛が嫌いでひとりが好き」なナンバー1の人なら、あまりしつこく声をかけないように気をつけることがベストな選択になります。

　このようにナインナンバーで自分と相手をよく知ることで、人間関係がグッと好転していくはずです。

Q. ラッキーナンバーやカラーの根拠は？

A. 九星の特性や五行の性質などから導き出しています

　ナインナンバーでは、九星の特性や五行の性質などから導き出した、ラッキーな数字やカラー、アイテムやフード、そしてスポットを紹介しています。さらに、金運や健康運などの運勢も紹介していますので、それらを参考にすればどんどん運気が上がっていくはずです。

　また、身近な人のナンバーがわかるなら、その人のラッキーカラーなどを教えてあげてみてください。

Q. 運の良し悪しはナンバーによって違う？

A. 同じナンバーなら運気の流れは似てきます

「このナンバーは運が悪い」というようなことはありません。ただ、運気の流れは同じナンバーだと似てきます。そして、その運気に逆らわずに動くようにすると、流れがどんどんよくなって運気アップにつながります。

とくに、生まれ年の九星と十二支がふたたび巡る36歳は暦の変わり目で、運気の良し悪しがわかりやすい年齢です。そして、36歳（2025年なら1989年の巳年生まれ）で成功している人を真似すると、それがこの先の自分の人生を成功に導く指針になります。

逆に、失敗している36歳の人の言動を真似してしまうと、これから先の運気が低迷してしまうので注意してください。

第2章

WHAT'S YOUR DESTINY?

ナインナンバーに秘められた運命

ナンバー1

基本特性

マイペースに突き進む孤高の人

　ナンバー1の人は束縛されたり自分のペースを乱されたりするのが大嫌いで、孤独を好む傾向が強いのが特徴です。

　一見すると気弱そうなのに、実はとても明るい性格で心の強い人です。こだわりや自己防衛本能も強いため、困難や苦しみがあっても乗り越えます。ただ、体の弱い人が多いせいか、何事に対しても80％程度の力で臨もうとする傾向が見られます。

　さらに「水」の性質を持っていることから環境に影響されやすく、またなじみやすいという一面もあります。その流動的なところや、見た目と本来の性格とのギャップもあり、「何を考えているのかわからない、掴みどころがない人」と誤解されることが多いかもしれません。その一方で、人を惹きつける力はあり、異性からはモテます。

　難点なのが、めんどくさがりでマイペースすぎるところ。とくに時間にルーズで、遅刻やドタキャンが多くなりがちです。

- 水が大好きで、湯船やプールにとにかく入っていたい
- 結婚しても週末婚がいい
- 環境に影響されやすい
- LINEの返信は気分しだい
- 人に「おいしい」と言われたお店に食事に行く
- 好意を寄せられると流されてつきあいがち
- つきあう相手によってファッションや趣味を変える
- 自己完結しがち
- やりたいことをじゃましない相手がいい
- 束縛が嫌い、ひとりが好き
- 人の話を聞いているようで聞いていない
- 地図を見ているにもかかわらず迷う
- めんどくさがり
- ソースをたくさん皿に出しがち
- 人間観察が好き

ナンバー1

自由を求める掴みどころのない人

才能と適職

マイペースに進められる仕事で才能を発揮

誰もまだやったことのない道で成功しやすいのがこのタイプです。また、とにかくマイペースなので、自分のやりたいように仕事を進められる経営者や、フリーランスの仕事が向いています。逆に、上下関係が厳しい職場や自分の思いどおりに仕事が進められない環境では、才能を発揮しにくいでしょう。そればかりか、「仕事ができない人」というレッテルを貼られてしまうおそれもあります。

また、「水」に関する仕事との相性もいいので、飲料系メーカーや釣り関連、水産業や漁師などの仕事や、いわゆる水商売も実は向いています。ただ、お酒のトラブルに巻き込まれやすい傾向があり、しかもそれを何度も繰り返しがちなので注意が必要です。

さらに看護師や介護士、薬剤師や保健の教師など、健康に関する仕事でも活躍できます。その一方で、自分ではそう思っていなくても元来体が弱い人も多いため、まずは自分の健康を第一に考えてください。

人間関係

相手にすぐなじめる分、流されやすい

液体の「水」が個体(氷)や気体(水蒸気)に姿を変えるように、相手によって自分をコロコロ変えられるのがナンバー1の人です。そのせいで、掴みどころがないと思われがちなのですが、どんな相手ともうまくなじむことができるというのは、大きな長所といえるでしょう。

ただ、どうしても人に流されやすく、相手しだいでよくも悪くもなってしまう傾向があります。悪い人とつるんでいるうちに人の道を外れてしまう、なんてこともありえます。そのため、つきあう相手を選ぶ際は十分に気をつけないといけません。

また、誰とでもなじめる一方で、一度嫌いだと思った相手とは距離をおくタイプなので、人間関係はどうしても狭く深くなりがちです。しかも人の話を聞いているようで聞いていないことがあり、それを無意識にするので、後々トラブルに発展することも。相手の話はよく聞くようにしてください。

金運
中年以降に上昇！トラブルに要注意

いわゆる大器晩成タイプで中年以降に金運がアップしやすいでしょう。若い頃はなかなか自分を曲げられないせいもあり、お金に苦労するかもしれません。でもコツコツ努力すれば報われて、年齢とともに金運はどんどん上がっていきます。

また、基本的にお金が大好きですが、なぜかお金のトラブルに巻き込まれやすく、しかも一度ではすまないことが多いようです。とくにお酒がらみのトラブルで大金を失いやすいので、泥酔して暴れたり物をなくしたりしないよう注意を。

恋愛運
好きと言われると流されてしまいがち

ナンバー1の人には異性を惹きつける色気があり、恋愛運はかなりいいほうです。ただ人に流されやすいため、意識していない相手でも好意を寄せられると、つきあってしまう傾向があります。そのため、悪い人とつきあってトラブルに巻き込まれることもあるでしょう。

また、自分のことをよくわかっていないので、好みのタイプが曖昧です。自分が好きだと思っている相手よりも、好意を寄せてくれる相手とのほうが、いい恋愛に発展することがあるようです。

結婚・家庭運
ひとり時間の確保が結婚運アップのカギに

結婚後も自分の時間を大切にしたいタイプなので、週末婚のような結婚に憧れています。そのため、いわゆる一般的な結婚運として考えると、運気がいいとは言いにくいかもしれません。結婚後も自分の部屋を確保したり、お風呂タイムを満喫したりと、ひとり時間をきちんとつくることで結婚運は上げられます。

家族に振り回されやすく、身内がらみのストレスも多めで、家庭運もイマイチ。ですが、家族や身内で問題がある人を反面教師にすると、運気が上向きます。

健康運
病気がちで冷えやすく寝つきもよくない

生まれつき体が弱い人が多く、どちらかと言えば病気がち。健康運はさほどよくないのに、なぜか自分は健康だと思い込んでいる人が多いのがこのタイプです。でも、結局のところ病気やケガをしやすく、そのうえ「水」の性質を持っているせいか、冷えに弱いという傾向も。

さらに、寝つきがあまりよくないため、睡眠障害を起こしやすいでしょう。環境の変化には基本的に強いのですが、変化しきれないとそれがストレスになって体調を崩してしまうこともあります。

長所と短所

長所
- 人を惹きつける力がある
- 変化に強く適応力が抜群
- どんな環境や相手でもすぐなじむことができる
- 無理をしないので失敗しにくい
- おひとりさまを満喫できる
- 芯が強い
- 自己防衛力が高い
- 恋愛がうまくいくと仕事や勉強もうまくいく

短所
- 周囲に流されやすく影響されやすい面がある
- 生まれつき体が弱い
- めんどくさがりで気分屋
- 自分のことをよくわかっていない
- 化粧水など液体のものを多めに使ってしまう
- お皿洗いやシャワーで水を出しっぱなしにしがち
- 全力を出しきらない

自分らしく生きるキーワード

- ひとりの時間を確保！
- 何事も80%で無理をしない
- お酒に注意！
- ストレスがたまったら水のある場所へ
- 自分のペースを大切に

基本ステータス

項目	評価
モテ度	★★★★★★★★☆
変態度	★★★★★★★★☆
見栄っ張り度	★★☆☆☆☆☆☆☆
サービス精神度	★★☆☆☆☆☆☆☆
マイペース度	★★★★★★★★★
ナルシスト度	★★★☆☆☆☆☆☆
ビビり度	★★★★☆☆☆☆☆
チャレンジャー度	★★★★★☆☆☆☆

あなたはこんな人

超マイペースなのに
適応力や順応力は抜群！
芯の強いやや頑固な人

十二支別ナンバー1の特性

ナンバー1 × 子年（ねずみ）

どことなく妖艶な雰囲気を醸し出していますが、ナンバー1の中で最もわかりにくい人といえます。とにかくマイペースさが際立っていて、飲み会などではまるで水が水蒸気となって消えるかのごとく、誰も気がつかないうちにいなくなっているタイプです。

ナンバー1 × 卯年（うさぎ）

ナンバー1の中ではやや色気が少なめな、いわゆるサバサバ系タイプ。また、シンプルイズベストが信条で白黒ハッキリさせたがり、興味がなければ飲み会などもさっさと退席してしまいます。そのため、ナンバー1にしては比較的わかりやすいタイプです。

ナンバー1 × 午年（うま）

絵画や音楽など何かを表現させたらピカイチで、着飾ると色気が爆発します。勝負強さもナンバー1の中で一番！　ただ、短気で言葉が強めなうえに、投げっぱなしでその場からいなくなるため周りを混乱させがち。やや曖昧でわかりにくいところもあります。

ナンバー1 × 酉年（とり）

ミステリアスな色気の持ち主で、急にひとりの世界に入ってしまうことがあるいわゆる不思議ちゃんです。そのため、周りは戸惑いがちかも。嘘がナンバー1の中でいちばん上手で、飲み会で帰りたいと思ったら「親から電話で〜」などと理由をつけていなくなります。

ナンバー1の有名人

- 古舘伊知郎さん
- 高畑淳子さん
- 所ジョージさん
- 浜田雅功（ダウンタウン）さん
- 松本人志（ダウンタウン）さん
- 唐沢寿明さん
- 藤谷美和子さん
- 谷原章介さん
- 中居正広さん
- 木村拓哉さん
- マツコ・デラックスさん
- 常盤貴子さん
- 松雪泰子さん
- 深津絵里さん
- 高岡早紀さん
- 斎藤工さん
- 柴咲コウさん
- 安達祐実さん
- 杉浦太陽さん
- 安倍なつみさん
- 要潤さん
- 片瀬那奈さん
- 柳楽優弥さん
- 佐藤栞里さん
- 浅田真央さん
- 黒木華さん
- 永野芽郁さん

ラッキーナンバー

　7は自分のペースを崩さずにいられる数字なので、ナンバー1の人にはうってつけ。そのうえ、目標に向かって突き進む勇気とエネルギーを与えてくれるので、孤高のカリスマとして成功をおさめられるでしょう。

　5は優しさと協調性にあふれ、誰からも愛される力を秘めているので、ナンバー1のマイペースさを補うのにぴったりです。また、行動力が抜群な数字でもあり、めんどくさがりという面をやわらげます。

ラッキーカラー

■ 黒
■ マゼンタ
■ ターコイズブルー
■ ゴールド

ラッキーアイテム

バスソルト

　冷えにとても弱いタイプなので、バスソルトや温泉の素などを入れたお風呂にゆっくりつかって、体をしっかり温めましょう。そのほかにもボディケアグッズで体を守ることが開運につながります。

枕

　眠りが浅かったり、寝つきが悪かったりしがちで、そのまま放置しておくとメンタルが不安定になるおそれも。自分に合う枕を探してぐっすり眠れば、元気と運気を一緒にチャージできます。

ラッキーフード

豆腐、おもち、うどん、バナナ、りんご、海産物（とくに亜鉛や鉄を多く含むもの）、鍋物、ほうれんそう、小松菜、スムージー

ラッキースポット

水辺、川、滝、海岸、プール、ダム、噴水、水族館

ナンバー 1

シウマからの開運メッセージ

自由気ままな
一匹狼タイプなのに、
モテ度抜群の人気者。
ただマイペースすぎて
孤立しないよう
順応力を発揮して！

WHAT'S YOUR DESTINY?

Message from
SHIUMA

ナンバー2

基本特性

包容力にあふれた辛抱強い優しい人

あらゆるものを育む土のように懐が深く、思いやりや包容力にあふれた、優しく穏やかな性格です。また、地面のようなどっしりとした安定感と、植物が育つのをじっと待つような辛抱強さがあります。

見た目はやや地味で派手さはありませんが、世話焼きな人が多く、そのこまかな気遣いによって周囲の人たちを癒やすので、多くの人から慕われていることでしょう。

その半面、自分が人に甘えるのは苦手で、しかもかなりのさびしがりやでもあります。また、人の世話ばかり焼いているうえに、まじめな性格から変なところにまで気を使いすぎてストレスがたまりやすく、弱点のおなかの調子が悪くなることがあります。

料理好きでこだわりが強く、中にはプロ級の腕前の人も！　和食好きも多く、とくに相性がいいのが郷土料理や自分の田舎の料理です。そうした料理や和スイーツを食べると運気アップにつながります。

- 隠れファンが多い
- 人のサポートが得意
- 自己紹介が苦手
- 恋愛は相手に合わせる
- 湯船はなんとなく入る（時間があればしっかり）
- 相手を甘やかしてダメ男＆女をつくりがち
- 食事の好みは和食系
- つきあったらすぐ結婚対象になる
- 男女ともお母さんみたいな気質
- 料理へのこだわりが強い
- マンネリ化しやすい
- 家族や友達を大事にする
- ケチな人が多い
- お店ではおすすめを選ぶ
- 辛抱強い
- 癒やしグッズが大好き
- 過去にあったイヤなことをいつまでも覚えている

思いやりがあり世話好きな人

才能と適職

縁の下の力持ちとして能力を発揮

忍耐強く勤勉で、地道に努力を続けるため周囲からの信頼は絶大です。人をサポートする能力にも長けているので、一歩引いた二番手の立場だと本領を発揮できます。

そのため秘書やマネジャー、看護師や幼稚園・保育園の先生などの仕事では才能を存分に発揮できます。また、家庭的なところがあるので、料理に関する仕事や家庭科教師なども向いています。

さらに、粘り強くコツコツと物事に取り組むのも得意なので、職人や技術者、エンジニアのような仕事も適しています。

ただ、リーダーシップを発揮してみんなをひっぱっていくのは大の苦手。グループのリーダーなどを任されると持ち前の能力が生かせず、逆に「仕事ができない人」というレッテルを貼られてしまうおそれもあります。

また、忍耐強くて不平不満をあまり表に出さないせいで、損な役割を押しつけられることもありそうです。

人間関係

どこでも良好な人間関係を築ける

相手への気遣いがこまやかで、なおかつやりとりがマメで丁寧。まさに潤滑油のような存在として、どこでも良好な人間関係を築いていけるのがこのタイプです。意外と現実主義の性格なので、柔軟さにはやや欠けるものの、その分、周囲からの信頼は厚いでしょう。

また、争い事を嫌ううえに面倒見もいいので、頼られると断れないところがあります。そのせいでなんでもつい引き受けてしまうのですが、そういったところも好感を持たれる理由になっています。

ただ、気分にムラがあり、意見が変わって周囲と衝突することもあるでしょう。基本的には頼られる側なので、自分から歩み寄れば衝突を回避できます。

また、リーダーとしての役割を求められると、どうしても人間関係がギクシャクしてしまうので、うまくサポート側に回れるよう根回ししておくと安心です。

金運

堅実な貯蓄タイプ
財布のひももかため

　とても堅実で用心深い面があり、若いうちからコツコツ貯蓄ができるタイプです。普段の生活も質素で財布のひもはかため。ブランド品や外食で浪費するようなことはほとんどないでしょう。物持ちもよく、買い物で散財するということもありません。大金持ちにはなれないかもしれませんが、生涯にわたってお金に困ることが少ない金運の持ち主です。普段ストイックな分、一時的にギャンブルに手を出すこともありますが、根がまじめなので、どハマりはしません。

恋愛運

ひそかにモテモテ
臆病なのに一途

　おおらかな性格やこまやかな気遣い、そしてマメなところに好意を寄せられることが多く、目立たないところでモテます。
　恋愛にやや臆病で、好きになった人が好みのタイプになるため、相手の条件は気にしません。また、家族や知人の紹介で恋に発展することが多いようです。自分が主導権を握るのではなく、相手に合わせる恋愛を好み、恋をすると一途に尽くします。ただ、尽くしすぎて、相手をダメ人間にしがち。相手を束縛すると、恋愛運がダウンするので気をつけて。

結婚・家庭運

家族が大好きな分
結婚に前のめりぎみ

　家庭運はいいほうです。家族や血縁を大事にしていて、親や兄弟姉妹（とくに異性）との仲が良好な人も多いでしょう。そのせいか、男女ともに家庭的なところがあり、家事や子育ても積極的にこなします。
　結婚願望がかなり強めなので、つきあい始めるとすぐ結婚の話を切り出す傾向があります。そのため、相手にその気がないと、引かれてしまうことも……。また、結婚したら家に入って、専業主婦＆主夫になりたいという願望も強めです。

健康運

おなかを壊しやすく
健康運は不安定

　繊細で意外と神経過敏な部分があり、メンタル面とおなかが弱点。知らず知らずのうちに健康運がダウンしやすいという傾向があります。
　そこでまずおすすめしたいのが、今流行の「腸活」です。毎日の生活にどんどん取り入れることでおなかの調子がよくなれば、健康運が安定します。
　そのほかにも、食事や睡眠に気をつけたり、適度な運動をしたり、手洗いやうがいをしっかり行ったりと、日頃から体調管理への意識を高めることも大切です。

長所と短所

長所
- 隠れファンが多い
- 穏やかな癒やし系
- かゆいところに手が届くタイプ
- 家族思い
- 堅実でまじめ
- ガマン強い
- 人のサポートが得意
- 恋をすると一途に尽くす
- 頼られると断れない
- 財布のひもがかたく堅実に貯蓄できる

短所
- 気分にムラがある
- 二面性がある
- リーダーシップがない
- 変化を好まない
- 目移りしやすい
- 恋愛でドキドキする展開が少ないせいで相手に飽きられやすい
- 束縛が強めで相手を独占したがる
- 自己アピールが苦手

自分らしく生きるキーワード

- 腸活でおなかを整える
- お金を無駄遣いしない
- 相手を束縛しすぎない
- 家族や地元を大切にする
- サポート役に専念する

基本ステータス

モテ度	★★★★☆☆☆☆
変態度	★★★★★★★☆
見栄っ張り度	★★☆☆☆☆☆☆
サービス精神度	★★☆☆☆☆☆☆
マイペース度	★★★☆☆☆☆☆
ナルシスト度	★★★☆☆☆☆☆
ビビり度	★★★★★☆☆☆
チャレンジャー度	★★★★☆☆☆☆

あなたはこんな人

気配り上手で
信頼の厚い名サポーター。
実はかなりの変わり者!?

十二支別ナンバー2の特性

ナンバー2 × 寅年(とら)

外に出ると珍しく強気になって、ナンバー2にしてはものおじしないタイプです。すぐ反省もしますが、それを人には見せません。一度狙ったものに対しては、隙がないかをずっと見張っているので、チャンスを逃さずおおむね手に入れることができます。

ナンバー2 × 巳年(へび)

驚くほど細かい性格で、その細かさで人間関係のトラブルを招くおそれがあります。また、ナインナンバーの中でトップ3に入るほどの執念深さもあります。意外とモテるので目移りすることも。

ナンバー2 × 申年(さる)

ナンバー2らしさを前面に押し出しているか、まったくそう見えないかの両極端なタイプです。一途で家族思いという一方で、裏ではイケナイ恋をしている、というように二面性も出やすく、歯止めがきかなくなることも。また、自己コントロールもかなり苦手です。

ナンバー2 × 亥年(いのしし)

切りかえがうまいのでしつこさが弱まり、さっぱりとした性格になって、イヤなことがあってもあまり根に持ちません。その一方で、母性はより強くなります。とても器用に物事をこなしますが、積み上げたものが無になるおそれがあるので、慎重さを身につけて。

ナンバー2の有名人

- 松平健さん
- 阿川佐和子さん
- 竹下景子さん
- 藤井フミヤさん
- 豊川悦司さん
- 木梨憲武(とんねるず)さん
- 松田聖子さん
- 西島秀俊さん
- 藤原紀香さん
- 博多大吉(博多華丸・大吉)さん
- 矢部浩之(ナインティナイン)さん
- ユースケ・サンタマリアさん
- 大野智(嵐)さん
- 小池栄子さん
- 妻夫木聡さん
- 岡田准一さん
- ディーン・フジオカさん
- 広末涼子さん
- 佐藤健さん
- 桐谷美玲さん
- 賀来賢人さん
- 岡田将生さん
- 広瀬すずさん
- 中川大志さん
- 八村塁さん
- 藤田ニコルさん
- みちょぱさん

ラッキーナンバー

35

ナンバー2の長所である優しさやサポート力をさらにアップさせてくれる数字。よりよいサポーターになれるので、ますます人気を得られます。物事を器用に動かせるようにもなるでしょう。

25

25は計画性や頭脳明晰といった意味のあるクールな数字。冷静さが増し、ただすべてを受け入れるのではなく、話を聞いてからイエスかノーかを即座に決断できるようになり、より利益を得られます。

ラッキーカラー

- イエロー
- グリーン
- ブラック
- ブラウン

ラッキーアイテム

ハンカチ

相手が必要としているときにさっとハンカチを差し出すことで、好印象を与えることができます。サポートグッズとして、自分が使う分とあわせていつも持ち歩くようにするといいでしょう。

ぬいぐるみ

性格的にどうしても気疲れしやすいので、ぬいぐるみなどの癒やしグッズは必須アイテム。さわっているだけで気持ちがホッとするような、肌ざわりのいいクッションなどもおすすめです。

ラッキーフード

ご当地フード、家庭料理、和菓子、おまんじゅう、黒い食べ物、黒ごま、和食、お米、麦、豆類、日本茶

ラッキースポット

茶畑、菜の花畑、お花畑、ハーブ園、田舎、下町、日本庭園

シウマからの開運メッセージ ナンバー2

世話焼きでみんなから慕われているあなた。ときには自分のことも癒やしてあげてください。気になる相手には得意な料理でアピールしましょう!

Message from SHIUMA

ナンバー3

基本特性

シンプルでわかりやすい行動派

　雷の強力なエネルギーを持っているのでとてもエネルギッシュで、行動力もスピード感も抜群。何に対しても積極的で、負けず嫌いなところもあります。失敗しようがしまいが、「思い立ったらすぐ動く」というのがナンバー3の最大のキーポイントなので、頭でっかちになって考えすぎたり、慎重になりすぎたりすると運気がダウンします。

　スピーディーすぎてせっかちな人も多いのですが、自分の都合を優先するためLINEの返信などがやたらと遅い人もいます。

　そしてこのタイプは「若さ」というのもポイントで、比較的若いうちに幸運が訪れますし、年齢を重ねてもフットワークが軽く、「いつまでも若い」と言われる人も多いでしょう。

　無理を押し通そうとする自分本位な面もありますが、子どものような純真さがあり、ナインナンバーの中ではいちばんさっぱりしたシンプルなタイプ。しかもすべて行動で表すので、とてもわかりやすい人でもあります。

- 目立ちたがる
- 後先を考えない
- スピード感がある
- せっかちで待つのが苦手
- LINEの返信が遅い人もいる
- ペットボトルの飲料を最後まで飲みきらない
- 海に行くと周りに関係なくすぐ入ろうとする
- シャワーで終わらせがち
- 歩くスピードを合わせてくれる人が好み
- 色気がない
- ひとつのことに集中できずとにかく気が多い
- 恋愛と仕事をきっちり分けたがる
- 失恋してもすぐに立ち直る
- 結婚までが早い
- 店を選ぶ時間がもったいないので食事に行く店はほぼ決まっている
- 集合時間より早く着く
- 会計はキャッシュレス派
- ポケットに物を入れっぱなしで洗濯しがち

ナンバー3

行動力があるさっぱりした人

才能と適職

仕事はできるのに失敗も多め

　行動力があり才能も豊かなうえ、まじめで忍耐強く、スピード感のある仕事ぶりで若いうちから社会的頭角を現すことが多いでしょう。周囲からの評価も高いのですが、その分「あの人はひとりで大丈夫」と思われ、サポートしてもらえないことも。やりたいことを自分のペースで進めますが、やる気しだいで仕事の結果が大きく変わります。

　また、やや計画性が乏しく強引に突き進むので、失敗も多いでしょう。おおまかなゴールがあるとうまくいきやすくなりますし、失敗から学ぶことで最終的には成功します。

　一方、失敗を笑ってごまかしてもなぜか許されてしまうせいで、失敗を繰り返しがちなので、反省を次に生かすようにして。

　アピール上手で営業職向きですし、IT系やスポーツ系、車や鉄道、家電に関する仕事やエンジニアなども適しています。海外との縁が強いのでパイロットやツアーコンダクターなどでも能力を発揮しやすいでしょう。

人間関係

人に興味がないのになぜか人気者

　ナインナンバーの中で、最も"人に興味がない"のがこのタイプです。「人は人、自分は自分」という意識が強く、協調性はあまりありません。当然、他人と歩調を合わせるのは苦手で、どうしても個人行動が目立ちます。

　自分の利益にならないと動かない利己的な人もいますが、それでいて友人が少ないかというと、そうではないのが面白いところ。それは、ナンバー3の人はとても明るくいつも元気で、しかもフットワークが軽いため人気があり、一緒にいると楽しい人と思われているおかげです。そのため、人間関係は広く浅いのですが、別に深くしようという気はあまりありません。

　自分の気持ちに素直な分、自己主張が強すぎて相手と衝突することもよくありますが、さっぱりした性格ゆえに、それを引きずることはあまりないでしょう。とはいえ、自信過剰になると嫉妬されたり、足をひっぱられたりするので、謙虚さを覚えることも大切です。

金運

金運は最弱!?
貯めるのも苦手

　金運はナインナンバーの中で最も弱いですが、お金への執着はあまりなく、気前がいいほうです。また「お金＝時間」と考えるので、時短になることに躊躇なくお金を出します。ただ、貯めるのがとにかく苦手で、あるだけ使ってしまい、後から困るというケースがよく見られます。
　そのため、意識的に貯蓄をしたり投資をしたりすることで、金運がこれ以上下がらないようにしたいもの。また、ギャンブルには要注意！　ハマりやすく、全財産を失うようなことにもなりかねません。

恋愛運

恋もスピード命！
気の多さが難点!?

　出会いの機会は多く、好きな人ができるとすぐアタックします。ただ、快活な性格ゆえに甘い言葉での誘惑や駆け引きは苦手で、告白を本気にされないことも多いでしょう。また、気が多くて恋愛が成就しにくく、相手をものにしようとやや強引になりがち。それでいていざつきあうと、甘い時間に興味がなくて自分のことを優先し、そっけない態度をとって愛想を尽かされることも。ただ、失恋してもすぐ立ち直れる打たれ強さがあります。恋愛と仕事はきっちり分けるタイプです。

結婚・家庭運

スピード婚や
早婚が多め

　結婚したいと思える相手を見つけたら、一気にゴールインしたいと願います。そのため、出会ってすぐ結婚するスピード婚になることも多いでしょう。また、驚くほど若いうちに結婚する"早婚"タイプもいます。ただ、相手が慎重でおおらかな人でないと、離婚に至るのも早くなりがちです。
　家庭運は悪くはありませんが、若いうちは父親との縁が弱めでコミュニケーション不足になりがち。大人になるにつれて仲よくなることも。結婚すると自分が中心となり、明るい家庭を築きます。

健康運

とくに手と足の
ケガや病気が心配

　体は比較的丈夫で、体力もあるほうです。そのため、あまり風邪もひきません。ただ、手と足が弱点で、包丁でうっかり指を切ってしまったり、ねんざをしたりとなにかとケガをしやすく、手荒れや水虫といった症状に悩まされることも。
　運を「掴む」ための手は大切にしなくてはならないので、しっかりケアをしましょう。爪も伸ばしっぱなしや汚れっぱなしはNG。いつもきれいに整えた状態にして、仕事で問題がないのなら、マニキュアできれいに彩るというのもおすすめです。

長所と短所

長所
- エネルギッシュ
- 子どものように純真
- まじめで才能豊か
- フットワークが軽い
- 切りかえ上手
- 決断力がある
- 自分の気持ちに素直
- 一緒にいると楽しい
- 気前がいい
- 打たれ強い
- 家族仲がいい

短所
- 声が大きい
- おっちょこちょい
- 失敗を笑ってごまかす
- 子どもっぽい
- めんどくさがり
- やや束縛ぎみ
- 熱しやすく冷めやすい
- 協調性がない
- 計画性に乏しい
- やや強引で無理を押し通そうとする

自分らしく生きるキーワード

- 自分の気持ちに素直になる
- 好きになったらすぐアタック
- 思い立ったら即行動！
- 失敗したら反省して次に生かす
- お金の使いすぎに注意

基本ステータス

モテ度	★★★★★☆☆☆☆☆
変態度	★★★☆☆☆☆☆☆☆
見栄っ張り度	★★★★★★★★☆☆
サービス精神度	★★★★★☆☆☆☆☆
マイペース度	★★★★★★★★★★
ナルシスト度	★★★★★★★☆☆☆
ビビり度	★★☆☆☆☆☆☆☆☆
チャレンジャー度	★★★★★★★★★★

あなたはこんな人

抜群の行動力を生かし
自分らしいペースで
突き進む愛されキャラ

十二支別ナンバー3の特性

ナンバー3 × 丑年(うし)

とにかく元気で若々しい印象で、後先を考えずにそのときのテンションや勢いで突っ走ります。それが吉と出るか凶と出るかはやってみないとわかりませんが、躊躇すると運気を下げることになるので、勇気を出してやりたいことを貫くことが大切です。

ナンバー3 × 辰年(たつ)

冒険心がありアクティブさが際立っています。なぜか普段あまり縁がない人と関わると運気が上がり、そのことを無意識レベルで知っている人が多いのも特徴です。それが理由なのか、ナンバー3にしては人に興味があり、興味を示せる人ほど運気もアップします。

ナンバー3 × 未年(ひつじ)

ナンバー3の中でもとくに思いやりがあり、相手に合わせた行動ができ、人間関係も比較的狭くて深いでしょう。攻守で言うとやや守りのタイプで、自分に近い人と一緒にいると居心地がいいと感じるようです。計画性もそこそこあるほうで、冒険はあまりしません。

ナンバー3 × 戌年(いぬ)

正義感が強く、こだわりやマイルールが多い人です。体があまり強くない一方で、勘は鋭く危険察知能力が高いです。ただ、目に見えないものに振り回されやすく、いわゆるスピリチュアル系のものに弱いという一面も。また、珍しく失恋を引きずるタイプです。

ナンバー3の有名人

- 草刈正雄さん
- 風吹ジュンさん
- 水谷豊さん
- 田原俊彦さん
- 石橋貴明(とんねるず)さん
- 浅野温子さん
- 竹野内豊さん
- 岡村隆史(ナインティナイン)さん
- 博多華丸(博多華丸・大吉)さん
- いとうあさこさん
- 永作博美さん
- 中山美穂さん
- 上田晋也(くりぃむしちゅー)さん
- 宮藤官九郎さん
- 堂本剛(Kinki Kids)さん
- 森田剛さん
- 仲間由紀恵さん
- ともさかりえさん
- 春日俊彰(オードリー)さん
- 新垣結衣さん
- 戸田恵梨香さん
- 吉高由里子さん
- 松坂桃李さん
- 大坂なおみさん
- 中条あやみさん
- 小芝風花さん
- 今田美桜さん

ラッキーナンバー

持ち前の行動力と明るさがより生かされる数字です。また土壇場に強く、臨機応変に対応できる力を与えてくれる数字でもあるので、ピンチをチャンスに変えてくれて計画性のなさも補われます。

15は人間的な魅力にあふれ、人気を獲得できるという大吉数。とくにナンバー3に足りない協調性を補ってくれます。人に対する興味が高まり、周りと足並みをそろえられるようになります。

ラッキーカラー

- ブルー
- ターコイズブルー
- レッド（ワンポイント）

ラッキーアイテム

ハンドクリーム

運をしっかり「掴む」ためには、手をきれいな状態にしておく必要があるので、日頃からしっかりハンドケアをしなくてはいけません。そのため、ハンドクリームは必須のラッキーアイテムです。

腕時計

時間との相性もいいタイプなので、腕時計はかなり強力なラッキーアイテム。ただ、いつも遅れているようだと、世の中や周りの流れについていけなくなって、運気もダウンするので注意を。

ラッキーフード

ファストフード、サンドイッチ、たけのこ、回遊魚、しらす干し、アスパラガス、ミニトマト、酸味のあるもの

ラッキースポット

東海岸、朝日がきれいに見えるスポット、家電量販店、テーマパークや遊園地

ナンバー 3

シウマからの開運メッセージ

思い立ったら迷わず動くことが大切です。ただ慌てすぎてミスしないよう注意を。あとは人の話を聞いて味方をつくれば鬼に金棒です！

WHAT'S YOUR DESTINY?

Message from SHIUMA

ナンバー4

基本特性

愛想のよい和み系で少し優柔不断

　大きく成長した樹木のエネルギーを持ち、性格は穏やかで素直。人当たりもよくて協調性も抜群なので、周りの人から慕われます。ただ誰に対しても愛想がいいため八方美人にもなりやすいという一面も。

　また、優柔不断なところがあって決断力がやや欠けるうえに、かなり用心深いので何事に対しても迷いやすいでしょう。そのうえ、食事会などで皿に残った最後の1つに手を出せないような性格ということもあり、チャンスは多いのに逃しがち。若いうちから幸運が訪れるタイプでもありますが、確実に運を掴むにはできるだけ外の世界に出て、経験を積むことが大切です。

　なお、ナンバー4は「風」の属性もあり、中には風来坊のようにフラフラしている人もいます。同じ場所にずっととどまったり、物事が停滞したりすると風らしさが失われて運気がダウンするので、フットワークは軽くしておくのが正解です。

- 優柔不断な面がある
- 若いうちから幸運な人が多い
- 性格が穏やかで素直
- 協調性が抜群
- 誰とでもすぐ仲よくなれる
- 八方美人になりやすい
- 結婚が早いタイプ
- 幼なじみから恋人になる割合が高い
- 惚れっぽいわけではないものの恋愛が生活の中心になる
- 争い事を避ける
- 海外に縁がある
- 国際結婚に向いている
- 行きつけの店があり食べるものもいつもほぼ同じ
- 食事は人に合わせがち
- 湯船は基本入りたくないので冬でもシャワー派
- 痩せている人が多い
- ここぞのタイミングに弱い
- 旅行好き
- 物欲があまりない

協調性があり人当たりのいい人

才能と適職

目上の人からの引き立てで出世する

とても素直な性格で、上司や目上の人からかわいがられやすく、地位のある権力者の援助を受けて大成する人も多いでしょう。また、転勤や異動などで環境が変わったとしても、その場にすぐなじみ、行く先々で信頼を得ることができます。そして、若いうちに実家を出たほうが成功しやすいのも特徴です。

とくに四方八方を飛び回り、人と人をつなぐような仕事で、能力をいかんなく発揮します。そのため、芸能関係やマスコミ、ウエディングプランナーなどが適職になります。

また、チームワークが大切な仕事でも大いに活躍するので、広告代理店などの仕事にも向いていますし、海外との縁が強いので通訳やツアーコンダクターなどもいいでしょう。企業や団体の広報を担当すると、人当たりのよさを生かせるので重宝されます。

ただ、とっさに判断したり決断したりする能力にやや欠けるため、迷っているうちにトラブルに発展することがあります。

人間関係

争いを好まない平和主義者

穏やかな性格で協調性もあり、流行にも敏感なので誰とでもすぐ仲よくなり、友達や仲間はかなり多いでしょう。さらに、ナインナンバーの中で最も争いを好まないタイプで、自分だけ突出するようなこともしません。とにかく平和的にかつ温和に物事を進めようとするため、たとえ嫌いな相手でも笑顔で対応するので敵は少なく、人当たりがかなりよく見えるのです。

また、木の葉を揺らす風のように自由で気ままなところがあり、掴みどころのない人と思われていることも多いようです。

ただ、争い事を避けようとするうえに優柔不断なせいで、いざというときにどっちつかずになりやすく、中立な立場におさまろうとしがちです。そのせいで、眉をひそめられたり見限られたりすることも。あげくの果てには、どちらからも相手にされなくなってしまうので、ときにはしっかり決断し、自己主張することも大切と心得て。

金運

どんぶり勘定かつ貯まると使いがち

　物欲がそれほどなく、固定収入も維持できるタイプですが、一定額が貯まると目的のために大金をはたきがち。しかも、細かいことにこだわらないせいでどんぶり勘定なうえ、人づきあいが多いので交際費もかさみます。それでいて金銭管理が苦手でお金への執着は弱く、富よりも名誉を重んじるため、財産を築くのが苦手なのです。それでもお金にはさほど不自由しませんが、あまりにも無頓着だと中年期以降は金運が急下降します。少額でいいので貯蓄を続けて。

恋愛運

恋がうまくいくとすべてが好調に！

　自然体で恋をするので、紹介や合コンなど出会いの場はたくさんあり、友達や仲間から恋愛に発展することが多いようです。グイグイひっぱってくれる人と相性がよく、周囲からの指摘でその気になることも。恋愛が生活の中心になるタイプで、恋人とラブラブな時期は仕事や勉強などすべてがうまくいきます。逆に恋人と険悪になったり、相手にひっぱられすぎたりするとすべてがダメになるおそれも。一方で、あまり執着しない性格のため、別れは自然消滅が多くなります。

結婚・家庭運

結婚は早めなタイプ家を出たほうが開運に

　結婚運はよいほうで早くゴールインする人が多いでしょう。幼なじみと結婚する人も多く、あまりドラマチックなプロポーズなどは求めません。ただ、優柔不断な性格のせいで相手が不安になったり、かまってくれなくなったりしてタイミングを外し、そのまま破局してしまうこともあります。
　家庭運も基本的に安定していて、家族の仲が悪くなるとなんとかしようと手を尽くします。半面、家族に不満があっても言い出しにくいため、早めに家を出たほうが運気アップにつながりやすいのです。

健康運

胃が最大の弱点気管支系にも注意

　優しい性格なので気を使いすぎてストレスをためやすく、胃の調子が悪くて痩せている人が多いでしょう。人にすすめられるとNOと言えずに食べすぎてしまい、結果、胃痛に苦しむことがあります。普段から胃をいたわるよう意識することが大切。
　また、ナンバー4の人は呼吸器系にも注意が必要です。空気を取り込む鼻やのど、気管支や肺などに不調をきたしやすいといわれているので、乾燥や冷え、ウイルス感染、また刺激物の過剰摂取は避けてください。

長所と短所

長所
- 素直で穏やかな性格
- 人当たりがいい
- 流行に敏感
- 誰とでも仲よくなれる
- 交際範囲が広い
- 目上の人にかわいがられ引き立ててもらえる
- 安定した収入を得る
- 人と人をつなぐ仕事で能力を発揮する
- 自然体で恋をする

短所
- 決断力に欠け優柔不断
- 気を使いすぎる
- とにかく胃が弱い
- チャンスに弱い
- どんぶり勘定で金銭管理も苦手
- 家族への不満を言い出しにくい
- 停滞すると運気ダウン

自分らしく生きるキーワード

- 平和的かつ温和に過ごす
- どんどん外に出てみる
- ときには自己主張も
- せっかくのチャンスを無駄にしない
- 日頃から胃をいたわって！

基本ステータス

モテ度	★★★★★★★☆☆
変態度	★★★★★★★★☆
見栄っ張り度	★★★★★★★☆☆
サービス精神度	★★★★★★★☆☆
マイペース度	★★★☆☆☆☆☆☆
ナルシスト度	★★☆☆☆☆☆☆☆
ビビリ度	★★☆☆☆☆☆☆☆
チャレンジャー度	★★★★★★★★☆

あなたはこんな人

人当たりがよくやわらかい雰囲気で芯がなさそうに見えますが意外に度胸がある人です

十二支別ナンバー4の特性

ナンバー4 × 子年（ねずみ）

　ナンバー1の特徴をあわせ持っていて、知恵がある人ほどうまくいきます。また、計画性やリスクマネジメント能力も抜群なので、周りから頼りにされますが、人のことはあまり信用しません。一方、ナンバー4の特徴が強い人は、体調面で苦戦しがちです。

ナンバー4 × 卯年（うさぎ）

　ややドライなところがあるうえに、言葉が足りないせいで相手を傷つけやすいのが難点です。しかも、結果主義で先に答えを求めがちなため、他人をないがしろにしやすい傾向も。ややひねくれた人も多いのですが、素直になれると一気に運気が好転します。

ナンバー4 × 午年（うま）

　美意識が高い人が多く、自分をよく見せることに長けていて、何もしていなくても目立ってしまうのがこのタイプ。またナンバー4の中ではいちばん勘も鋭いことから、優柔不断さがやや弱まって、ここぞというときに動けるので成功も掴みやすいでしょう。

ナンバー4 × 酉年（とり）

　センスや色気が抜群で話術もすばらしいタイプ。人当たりがいいうえに声のトーンにも説得力があり、人の心を掴むのが得意な人たらしです。ただ警戒心が弱いせいか、異性関係が派手になりやすく、ナンバー4にしてはドロドロした恋愛になって巻き込まれがち。

ナンバー4の有名人

- 笑福亭鶴瓶さん
- 小林薫さん
- 柴田恭兵さん
- 佐藤浩市さん
- 美保純さん
- 生瀬勝久さん
- 真田広之さん
- 山村紅葉さん
- 石田ゆり子さん
- 福山雅治さん
- 北村一輝さん
- 及川光博さん
- 森高千里さん
- 加藤浩次さん
- 東幹久さん
- 堂本光一(Kinki Kids)さん
- 長瀬智也さん
- DAIGOさん
- 小泉孝太郎さん
- 釈由美子さん
- 若林正恭(オードリー)さん
- 麻生久美子さん
- 浜崎あゆみさん
- 長澤まさみさん
- 渡辺直美さん
- 三浦大知さん
- 辻希美さん
- 横浜流星さん
- 新田真剣佑さん

ラッキーナンバー

31

もともと高い協調性や人当たりのよさがさらにパワーアップして、老若男女を問わず周りが味方してくれる数字です。人の縁がより広がり、チャンスが増えて成功を掴みやすくなります。

17

逃さず掴みきる、目標をとらえるといった意味がある数字なので、優柔不断なナンバー4の人でも、ここぞというときにチャンスを掴めるようになります。上手に自己主張できるようにもなるでしょう。

ラッキーカラー

- オレンジ
- パステルグリーン

ラッキーアイテム

風に揺れるもの

耳元で揺れるピアスやイヤリング、ふわふわしたファーや羽根のようなアイテムが◎。胸元で揺れるネクタイなどもいいでしょう。また、淡い色合いで優しいタッチの花模様のアイテムもおすすめです。

アロマディフューザー

風や空気、香りなどが開運のポイントになるナンバー4。好きな香りのアロマディフューザーで部屋を心地よくすると心身ともにリラックスして運気がアップ。

ラッキーフード

麺類、塩＆しょうゆラーメン、キャベツ、ミネストローネ、スポンジケーキ、パンケーキ、わたあめ、やわらかいパン

ラッキースポット

花畑、風車、自然を生かしたテーマパーク、観光牧場、観覧車、花屋

シウマからの開運メッセージ

ナンバー 4

なるべく外の世界に出てあちこちで経験を積むと運気がアップします。パートナーにはあなたをうまくひっぱってくれる人を選んで！

Message from SHIUMA

ナンバー5

基本特性

激動の人生をパワフルに生き抜く

　ナンバー5はマグマのような人といえます。マグマが熱によって物の形を変えてしまう一方、新たな大地をつくるように、最強の運気と大凶の運気をあわせ持っているのです。そのため、波瀾万丈な人生を歩みやすく、吉凶が両極端に現れます。

　ただ、かなり貪欲で吸収力も抜群なので、困難や逆境を乗り越え、我が道をグイグイ進んでいきます。その一方で、力が強すぎるがゆえにトラブルも起こしやすいので、力の使い方には気をつけましょう。

　ナインナンバーの中心にあたり、いわゆる柱のような存在でもありますが、自身のエネルギーはありません。実は周囲からエネルギーをもらっているがゆえの強さなのです。そのため、周りの人に感謝と謝罪ができる人はどんどん上に行けます。逆に、「もらうのが当たり前」と思ってしまうと大凶に転じるので、謙虚さを忘れないことが運気アップの必須条件です。

- 徹底という言葉が好き
- 親分肌で面倒見がいい
- メリットがないと感じたらあっさり切り捨てる
- 疑い深い
- すべてにおいて欲深い
- お風呂にはにごり湯の入浴剤を入れがち
- 三角関係や四角関係などとんでもない事態でも平気
- 発酵食品などクセのある食べ物が好き
- イヤなことをされると根に持つ
- やられたら倍返しで徹底的につぶす
- 観葉植物が好き
- 意味もなく先頭を歩きたがる
- 焼き肉は自分で焼かずに食べるだけ
- もらったプレゼントの値段を調べる
- タオルをかえるのは2〜3日に1回
- ケチと言われるとキレる

義理人情に厚く我が道を行く人

才能と適職

何をやってもそこそこ成功する

人生の前半に苦戦すると後半はうまくいくようになりますが、前半がいい人は後半に運気が落ちる傾向があります。いずれにせよ、強烈なパワーのおかげで何をやっても人並み以上の成果を上げます。

不動産業で能力を発揮する人が多いのですが、上からいろいろ指図されるのが大の苦手で、人の下についている間は本領を発揮できません。小規模でもいいので経営者や部長などリーダー的立場になると活躍でき、自営業や政治家は適職。自分の裁量で働けるフリーランスの仕事も向いています。

なお、「土」の属性があるので育てる力は抜群。好きな相手はかわいがって優秀な人材に育て上げます。ただ、毒も持ち合わせているので、相手によっては"枯らして"しまうことも。また、人から技術や知識をもらい尽くしたと思ったとたん、その人にどれだけ世話になっていてもすぐ離れて、次の人に乗り移るようなドライなところもあります。

人間関係

義理がたい親分肌タイプ

白か黒か、好きか嫌いか、はたまたよいか悪いかなど、何事もはっきりさせないと気がすまない性格です。周りを変化させられるほどエネルギーが強く、とことん優しい面と暴君のような面、従順さと反抗心のどちらかに分かれるか、両面が出ることも。

その一方で、義理がたくて面倒見のいい、いわゆる親分肌タイプでもあり、後輩など若い人からは慕われて、いい人脈を築きます。ただ、どうしても自己主張が強いせいで、やや押しつけがましくなりやすいうえ、周囲と衝突しがち。そのため、気づいたら孤立していた、なんてこともよくあるでしょう。

好き嫌いで人を選ぶ傾向が強く、応援してくれる人にはとことん尽くしますが、そうでない人に対しては攻撃的になります。また、ほめられるのも好きで、「強いね」「アグレッシブだね」と言われると喜びます。ただ、ほめられすぎると疑心暗鬼になり、裏があるのではと疑います。

金運
お金には困らない でもギャンブルは×

お金への執着が強いか無頓着かの両極端に分かれます。ただ、金運が高くお金を引き寄せる力が強いため、お金に困ることはあまりありません。ときには人から奪うこともありますし、安い土地を手に入れて億万長者になる人も。

また、若い頃から地道に貯蓄している人は、中年以降の金運が安定します。そうでない人も今からきちんと貯蓄をすれば、金運が上向きます。気をつけたいのはギャンブル。金運がダウンするばかりか、身を滅ぼすので手を出さないで！

恋愛運
燃え上がるのは 刺激的な禁断の恋

自分の欲望と快楽に忠実で、情熱的な恋愛を好むロマンチストのため、略奪愛などしてはいけない危険な恋愛をしがち。狙った獲物は逃さないため、恋に落ちるスピードも超特急で、壁があるほど燃え上がります。男性は彼氏のいる女性を落とすことに意欲的で、女性は押しに弱く二股関係になりやすいため、危ない恋に翻弄されがち。友達の紹介などのありふれた出会いでは気持ちが盛り上がらず、つねにドラマチックな出会いを求めています。

結婚・家庭運
結婚には不向き!? 家庭運もイマイチ

残念ながら、結婚にはあまり向いていないタイプ。というのも、結婚した後に運気が乱れることが多く、トラブルに巻き込まれやすいのです。結婚生活をうまくいかせるためには、まずは相手に歩み寄ることが大切です。また、相手の弱点が見えたとたんに外に刺激を求める傾向もあるので、自分にないものを持っている人や、越えられないと思える相手を選ぶのもポイントです。

なお、家族に不満を抱きやすいせいで夫婦や親子、きょうだいの仲はギクシャクしやすく、家庭運もイマイチです。

健康運
弱点は心臓と不整脈 ストレスにも注意

体力も生命力も抜群ですが、凶運を背負っているせいでケガや病気すべてが心配です。とくに脳梗塞や脳出血、心筋梗塞といった急病に見舞われやすいので、心臓疾患と不整脈には日頃から注意してください。

また、栄養を吸収しやすいせいで太りやすい体質の人が多いでしょう。そのうえ、塩分や糖分をとりすぎたり、不摂生をしがちだったりするので、食生活やお酒の飲み方をはじめ、生活習慣を見直すようにしましょう。

長所と短所

長所
- 何をやっても人並み以上にできる
- 面倒見がいい
- 人におごるのが好き
- 一番にこだわる
- 大成功しやすい
- 体力がある
- ドラマチックな恋愛を楽しむ
- 狙ったものは逃さない
- 人を育てるのがうまい

短所
- 自己中心的
- メリットがないと感じるとあっさり切り捨てる
- 嫉妬深い
- 相手を束縛したがる
- 大失敗しやすい
- 何事もハッキリさせたがる
- 強引に押し通す
- 周りの人と衝突しやすい
- ギャンブルで身を滅ぼす

自分らしく生きるキーワード

- 強いパワーを上手に使う
- 感謝を忘れない
- 相手を束縛しない
- 目標に向かってがむしゃらに頑張る
- 謙虚さを覚える

基本ステータス

モテ度	★★★★★☆☆☆☆
変態度	★★★★★★★★★
見栄っ張り度	★★★★★★★★★
サービス精神度	？？？？？？？？？
マイペース度	★★★★★★★★★
ナルシスト度	？？？？？？？？？
ビビり度	？？？？？？？？？
チャレンジャー度	？？？？？？？？？

　ナンバー5の人はいいほうと悪いほう、どちらに転ぶか予測不能なため、判定できない項目がどうしても多くなります。

あなたはこんな人

超個性的で
0か100か両極端な
波瀾万丈タイプ

十二支別ナンバー5の特性

ナンバー5 × 寅年（とら）

　ナンバー5の中でもかなりエネルギーが強いほうで、とくに内面が激しいのですが、表には出さないのでやや表裏があります。なお、こだわりが強いうえに、ナンバー5にしては珍しく美意識が高めで目立つのでオーラがあり、ストイックな傾向にあります。

ナンバー5 × 巳年（へび）

　狙ったものを絶対に逃さないので、いちばん敵に回したくないタイプ。雰囲気はとても柔和なのですが、それは狙った相手を油断させて、確実に手に入れるためのワナなのです。その姿勢は徹底していて、一度目標を定めたら最後までやりとげる力もピカイチ！

ナンバー5 × 申年（さる）

　いちばんずる賢く、弱いところや攻めやすいところから攻撃したり、ゴール近くでいきなり出てきて成果をものにしたりします。それでもきちんと結果を出すので評価は高め。また、知恵を存分に生かして相手に仕掛ける、優秀なスパイのような人でもあります。

ナンバー5 × 亥年（いのしし）

　比較的バランス感覚があり、強さが控えめな優しいタイプで、あまりナンバー5らしくないかもしれません。いちばん義理人情に厚く、何かしてもらったらきっちり恩を返しますし、奉仕の精神にもあふれているため、相手にとことん尽くすという傾向もあります。

ナンバー5の有名人

- 舘ひろしさん
- 神田正輝さん
- 由美かおるさん
- 梅沢富美男さん
- 大和田獏さん
- 和田アキ子さん
- 渡辺謙さん
- 片平なぎささん
- 赤井英和さん
- 飯島直子さん
- 菊池桃子さん
- 渡部篤郎さん
- 杉本彩さん
- 大沢たかおさん
- 安室奈美恵さん
- 菅野美穂さん
- 松たか子さん
- 長谷川博己さん
- 石原さとみさん
- 中村倫也さん
- 北川景子さん
- 杏さん
- 松浦亜弥さん
- 上野樹里さん
- 川口春奈さん
- 芦田愛菜さん
- 鈴木福さん

ラッキーナンバー

24は無から有を生み、どんどん吸収する数字で、すべての物事を回収したいという目標達成を助けてくれます。なにげなく手がけたことが大当たりしたり、玉の輿に乗れたりすることも！

35は優しさにあふれる数字なので、実はナンバー5にあまり似合わないのですが、強さを抑える点でとても効果を発揮します。そのため、温かく穏やかな人間関係を築けるようになります。

ラッキーカラー

- ゴールド
- ブラウン
- ダークイエロー

ラッキーアイテム

ファッション雑誌

身なりを整えたり、今流行している服やメイクを取り入れたりすると、運気がみるみるアップします。そのため、ファッション雑誌やネットの画像などを見て、最新のトレンドをチェックしましょう。

ゴールド系のアイテム

金色のアイテムは、ナンバー5の高いテンションやエネルギーをさらに底上げしてくれます。アクセサリーや財布など、普段よく使うものに取り入れることで、効率的に運気もアップします。

ラッキーフード

チョコレート、カレー、発酵食品、納豆、みそ、ブルーチーズ、くさや、キムチ、珍味、レバにら

ラッキースポット

温泉（とくににごり湯の温泉）、砂風呂、競技場、スポーツジム

ナンバー 5

シウマからの開運メッセージ

謙虚さが開運の
キーワード。
よくも悪くもとにかく
"強い"人なので
人を好き嫌いや上下で
考えず、平等にすることで
人望は高まります

Message from
SHIUMA

ナンバー6

基本特性

正義感の強いまじめな理論派

ナンバー6の人は「天」の属性を持っていて、あらゆるものを上から照らし、エネルギーを与えるような存在です。そしてかなり正義感が強く、正しいかどうかで物事を判断し、自分よりも弱い立場の人に対してはとても優しく接します。ただ、神経質でまじめすぎるところもあり、中途半端を許せません。

いわゆる完全無欠の理論派で自分の経験を踏まえつつ行動や考えをロジカルに決めていきます。マニュアルも好きで、そのとおりに実践して結果が出たものに興味を示します。実は勘もいいほうですが、直感的にいいと思ったとしてもすぐ手を出さず、結果やエビデンスがきちんと出るまで静観します。

高級志向な面もあり、自分のランクを上げるのも大好き。ナンバー5に次ぐしたたかさもあり、素直に見えて実は計算して行動している、という人も中にはいます。また、「天」のエネルギーを持つせいか、スピリチュアルなものにハマりやすいというのも特徴です。

- マイルールが多い
- 部下や後輩から頼られる
- 王道が好き
- 融通がきかない
- 隙を見つけたらつつく
- 出世欲がある
- 誰につけばよいかを瞬時に見抜く
- 80円と180円の水なら180円の水を買う
- 宝石や鉱物が好き
- 朝風呂が好き
- 開運につながるものや縁起ものに手を出す
- 恋愛相手のステータスが大事
- 高級食材が好き
- 自分のことをおとしめない人を求める
- 間接照明を好む
- 欲しいものにはお金をかける
- ブランドものが好き
- 神経質

ナンバー
6

ルールに厳しい結果主義な人

才能と適職

警察官や先生など人を正す仕事が◎

とにかく正義感と責任感が強く、リーダーシップも抜群。部下や後輩など目下の人は率先して守ろうとします。そして相手が目上の人であっても、ミスや悪い点はがんがん指摘し、必要とあればたてつくこともありますし、結果を出していない人にはついていきません。そんな姿勢が、部下や後輩から慕われるポイントになっています。また、ロジカルに相手を論破するのもとても得意です。

そんなナンバー6の人にとって、警察官や政治家などはまさに適職といえるでしょう。そのうえ、教えるのが上手で、人を正し導く役割をきちんと果たすので、学校の先生や塾講師、弁護士や裁判官、医師などもぴったりの職業です。分析するのも好きなので、アナリストや研究者も向いています。

独立心も旺盛で組織のトップにも立てますが、結果を追い求めすぎて周囲が離れていくことも。若い頃は苦労が多いタイプでもありますが、その分、晩年に運気が上がります。

人間関係

気難しくワンマンな結果主義者

正義感の強さから、自分にも他人にも厳しいところがあり、しかも基準が厳しすぎてマイルールも多いでしょう。さらに、プライドが高くてあまり融通もききません。その結果、どうしてもワンマンになりやすく、周りから敬遠されてしまうこともよくあるでしょう。しかも、理詰めでお説教するので、相手は逃げ場をなくして萎縮してしまうのです。

そのうえ、かなりの結果主義なので結果をすぐ求めようとしますし、結果を出した人の言うことは素直に聞きます。逆に、言われたことをきちんとやっても結果を出せない人のことは認めようとせず、努力した過程を評価することもありません。

ですが、周囲との調和をとることも大切なので、ときには協調性を重んじるという意識を持つことも大切です。さらに、相手の弱さや過ちも受け入れられる心の広さを身につければ、より良好な人間関係を築けるようになるでしょう。

金運

コツコツ財を築く大器晩成型

持って生まれた金運は強いほうです。結果主義で冒険をすることもあまりないため、コツコツと財を積み上げていけるタイプでしょう。大金を失うような目にあうこともほとんどなく、晩年に金運がよくなっていきます。高級志向なので、大好きなブランド品を買うために大金をはたいてしまうこともありますが、お金で苦労するようなことにはなりません。

また、困っている人がいると放っておけない性格なので、他人のためにお金を使うこともよくあります。

恋愛運

恋は長続きするも世間体を気にする

出会いの数はあまり多くないほうですが、ひとつの恋を長く続け、フラれても食い下がるような負けず嫌いなところもあります。なおかつエリート気質の持ち主なので、一緒にいて成長できる人に惹かれる傾向が見られます。

世間体を気にするタイプでもあり、相手の見た目や品のよさを重視し、言葉遣いや箸使いなどもかなり気にします。さらに学歴や有名な会社に勤めているか、経済的に裕福かどうかといったステータスも気にします。

結婚・家庭運

相手のステータス重視 結婚すると円満家庭に

結婚相手を選ぶときも世間体を気にするので、自分のキャリアに傷がつくような人は選びません。とくに女性の場合は相手のキャリアやステータス、年収や学歴、御曹司かどうかといった条件を重視。仕事を優先しがちで晩婚になりやすいですが、結婚すると円満な家庭を築きます。

家族や親戚との仲はよく、家庭運も良好で安定しています。人に世話されるよりも世話をするのが好きなせいか、早いうちに家を出る人も多いですが、家族と積極的に関わり続ける人が多いです。

健康運

胃と頭の痛みに悩まされがち

神経の使いすぎで胃を痛める人が多いのがこのタイプ。また、いろいろ考えすぎて頭のコリがひどく、片頭痛に悩まされる人も少なくありません。さらに、気圧の変動でダメージを受けやすく、低気圧が近づくとグッタリ……なんてこともよくあるでしょう。

また、男女ともに薄毛になりやすいので、早めに頭皮ケアなどの対策をしたほうがよいでしょう。さらに、年齢を重ねると威圧感が外見にも出てきやすいので注意してください。

長所と短所

長所
- 自分に厳しく正しい道を歩もうとする
- 自分より立場が弱い人にはとても優しく接する
- 責任感がある
- 上手に自分をよく見せることができる
- 頼りがいがある
- 地道に蓄財できる
- 恋は長続きするほう
- 論理的な考えができる

短所
- 他人に厳しい
- 融通がきかない
- 結果を求めすぎて孤立しやすい
- 理詰めで相手を追い込みがち
- 協調性があまりない
- やたらと世間体を気にする
- 神経や頭を使いすぎて胃痛と頭痛がひどい
- 女性はおじさん化しやすい

自分らしく生きるキーワード

- 正しいと思う道を歩む
- 協調性を覚える
- みんなをまとめる
- 人の目をあまり気にしないようにする
- ストレスをうまく解消する

基本ステータス

モテ度	★★★★☆☆☆☆
変態度	★★★★★★★☆
見栄っ張り度	★★★★★★★★
サービス精神度	★★★☆☆☆☆☆
マイペース度	★★★☆☆☆☆☆
ナルシスト度	★★★★★★★☆
ビビり度	★★★★★★★☆
チャレンジャー度	★★★☆☆☆☆☆

あなたはこんな人

見栄っ張りで
自分のことが大好き！
ちょっとビビりで
挑戦や冒険には慎重です

十二支別ナンバー6の特性

ナンバー6 × 丑年（うし）

意見や好み、ルールがどんどん変わって、人に逆らう傾向も強まります。ややのんびりしていて急かされるのも苦手でしょう。また、表に出ない激しさはあるものの、表情が淡々としてわかりにくく、周りの人からは何を考えているのかが読めないと思われていそう。

ナンバー6 × 辰年（たつ）

ナンバー6の中で唯一感情的なタイプ。とくに女性は普段キリッとして冷静なのに、恋愛面で感情的になりやすいでしょう。また、最終的に結果は求めますが、データを無視して難しいことに挑戦したり、今までやったことのないことに躊躇なく取り組んだりします。

ナンバー6 × 未年（ひつじ）

大黒柱のようなどっしりとした親分気質が強まります。かといって威圧的ではなく、こまやかな気遣いやおおらかさを持ち合わせ、言いかえるなら父親と母親の両方の顔を持っているタイプです。家庭的なところもあり、家族や身内にはとても優しく接します。

ナンバー6 × 戌年（いぬ）

自分にとことん厳しくこだわりを追求し、ストイックにやるべきこと、やりたいことを貫きます。理不尽な目にあっても振り回されることはなく、相手やその状況すらバッサリ切り捨てます。ただ、他人に優しくしないと運気がダウンするので注意してください。

ナンバー6の有名人

- 武田鉄矢さん
- 大竹まことさん
- 矢沢永吉さん
- 間寛平さん
- 風間杜夫さん
- 原辰徳さん
- 樋口可南子さん
- 岩崎宏美さん
- 久本雅美さん
- 玉置浩二さん
- 宮崎美子さん
- 天海祐希さん
- 坂上忍さん
- 原田知世さん
- 江口洋介さん
- 南野陽子さん
- 沢村一樹さん
- 織田裕二さん
- 香取慎吾さん
- オダギリジョーさん
- 木村佳乃さん
- 観月ありささん
- 山本耕史さん
- ひろゆきさん
- 山下智久さん
- 上戸彩さん
- 綾瀬はるかさん
- 宮﨑あおいさん
- 満島ひかりさん
- 蒼井優さん
- 後藤真希さん
- 大谷翔平さん
- 羽生結弦さん
- 山﨑賢人さん
- 広瀬アリスさん
- 原菜乃華さん

ラッキーナンバー

16

義理人情に厚い数字なので、親分肌・姉御肌気質が強くなり、頼れるリーダー的存在として慕われます。よいまとめ役にもなれるはず。一度決めたことには猪突猛進で必ず目標を達成します。

3はルールやこだわりを無視して行動するので最も似合わない数字です。ただ無邪気という意味もあるので、童心に返って神経質な面や厳しさがやわらぎ、ミスも笑って許してもらえるようになります。

ラッキーカラー

☐ ホワイト
■ シルバー
■ バイオレット
■ グリーン

ラッキーアイテム

お守り

現実主義な半面、科学で証明できない不思議な力にも興味や理解があるタイプ。生まれ故郷や住んでいる場所の氏神様を祭る神社のお守りや、祖父母から譲り受けたものを持ち歩くと吉。

シルバーのもの

シルバー製や銀色のアクセサリーは、かなり強力なラッキーアイテムです。スマホ本体やスマホカバー、ポーチといった小物なども、シルバーのものを選ぶようにするとよいでしょう。

ラッキーフード

世界三大珍味（トリュフ、フォアグラ、キャビア）、松茸、高級食材、ブランド牛、フレンチのコース料理、ビンテージワイン

ラッキースポット

世界遺産、歴史的建造物、神社仏閣、県庁所在地、城、皇居、プラネタリウム

シウマからの開運メッセージ

ナンバー 6

正義感が強く自分に厳しいのは美点ですが、他人にも厳しすぎて融通がきかないのは難点。懐の深さと柔軟さを覚え、人との調和を意識すると運気は一気に上向きます

Message from SHIUMA

ナンバー 7

基本特性

美食家で世話焼きタイプ

ナンバー7の人は、山間部に水が集まって草木が育つ「沢」の属性で、いつも大勢の人に囲まれています。貴金属やお金などの「精製された金属」も表すため、華やかな雰囲気の人も多いでしょう。

生まれながらのおもてなし上手で、サプライズも大好き。パーティーピーポー的な人もいますが、ナインナンバーの中で一番の世話好きです。そしておしゃれで明るく、誰とでも楽しくつきあえるタイプです。

また、美意識が高めで、色気がある人が多いのも特徴です。そのせいか、自分のことが大好きという人も多いですが、あまりにも好きすぎると運気がダウンします。

実は計算高い面も秘めていて、それが表に出ると距離をおかれてしまうので要注意。異性関係も派手になりやすく、気がついたらトラブルになっていることも。楽天家と気難しい人という二面性もありますが、晩年以降に運気が好転していきます。

- 自分より周りのみんなが盛り上がれることを優先
- 場の空気を読む
- 声が通りやすい
- 甘いものが好き
- 好意を持ってくれる相手と一度はつきあってみる
- 相手が幸せであればOK
- キザなセリフを真顔で言える
- 華やかな場所を好む
- パートナーに尽くす
- 感傷的でさびしがりや
- 裏切られても平気な顔をするが内心はひどく傷ついている
- ムードメーカーになりがち
- 八方美人ぎみ
- 何でも知っているように話す
- 説得力がある
- 人に気を使いすぎるので疲れやすい
- 派手で浪費家
- ワイン好き

おもてなし上手で楽天的な人

ナンバー **7**

才能と適職

コミュ力やセンスを仕事に生かして

頭の回転が速く頑張り屋なので、どんな仕事でも人並み以上に活躍できます。営業職や交渉役など、優れた話術と鋭い洞察力を生かせる仕事で能力を発揮します。

また、おもてなし上手で人と接するのも好きなため、飲食店の店員やホテルのコンシェルジュといった接客業も向いています。バーテンダーなどいわゆる夜の仕事では、華やかな雰囲気で一目置かれるでしょう。

センスがいいうえにエンターテイナー要素もあるので、タレントや演出家などの芸能系や、ゲーム・おもちゃ関連の仕事などで台頭します。さらに、「実り」のエネルギーも強いため、パティシエや料理人、農家など何かを作り出す仕事も適職です。

興味があることだと一生懸命取り組むのですが、興味を失ったとたんに投げやりになってしまう一面も。とはいえ、人から助けられることも多いので、結果的には成功できるでしょう。

人間関係

世話好きでみんなをうまくまとめる

コミュニケーション上手で、人当たりのよさは抜群。気遣いがとてもこまやかで世話好きなタイプです。にぎやかなことも大好きで、周囲を喜ばせるのは大得意。また、話術がうまいうえに説得力があるため、相手はついつい話に引き込まれてしまうことが多いでしょう。

場の空気を読み、人の気持ちもよくみとるので、どんな場所でもみんなをうまくまとめて人間関係を上手に築いていきます。人気が上がると運気も上がっていくので、周りも自分も楽しく過ごすというのも大事なポイントに。また、おもてなしの精神がある人ほど開運につながります。

雰囲気が華やかで、やや派手なところもあるため、考えなしで動く能天気な人と誤解されることもありますが、実は繊細な人です。その繊細さゆえに、ひとりになったときに疲れやダメージを感じることも少なくないでしょう。

金運

金運の巡りは
ナンバーワン

　おいしくて贅沢なものに目がない美食家のうえに、おしゃれも大好き。楽しいと思えることにお金を惜しみなく使うタイプです。出し渋る人はほとんどおらず、どうしても浪費家になりやすいですが、使った分の倍返ってきます。

　実際、ナインナンバーの中でも金運の巡りがいちばんよく、お金に困ることはないでしょう。もし困ったことになっても、必ず助けてくれる人が現れる、ラッキーさも兼ね備えた強力な金運の持ち主です。

恋愛運

チャンスも多く
すぐ恋に落ちる

　基本的に"人好き"なタイプなので、どんな相手とも相性がよく、恋に落ちるのもあっという間。恋のチャンスも多く、恋愛上手な人です。相手を傷つけたくないので、よほど嫌な人でなければとりあえず一度はつきあいます。好きな人から都合がいい人と思われてもいいというスタンスなので、一緒にいられるなら自分が2番目でも3番目でもOK。当然、二股にもなりやすく、相手が浮気しても見て見ぬふりができます。結果、相手をダメ人間に育ててしまう傾向もあります。

結婚・家庭運

結婚運はまあまあ
家族仲は良好!

　結婚運も悪くはないですが、やや婚期を逃しがち。かといって勢いで結婚しても失敗しやすいでしょう。結婚後は家庭的になる人が多いですが、浮気心が家庭を壊す原因になるので要注意です。

　家庭運は吉凶混合で、親やきょうだいとの仲はいいのですが、なぜか父親との縁が薄いことが多いです。ただ、自分が親になってからは持ち前のおもてなし精神を発揮して、家族サービスをしっかりこなします。そのため、仲よし家族として楽しい毎日を過ごせるでしょう。

健康運

気管支系と
口内に要注意

　ナンバー7の人は、気管支系や口の中に注意が必要です。とくに歯は定期的に検診をして、虫歯や歯周病があるなら早めに治療してください。また、気管支系も弱いので、日頃からうがいや手洗い、マスクをきちんとしてウイルスなどの感染対策をしっかり行いましょう。

　さらに、いつも周りの空気を読んでいるせいで、どうしても気疲れしやすいため、それがもとで体調を崩すこともよくあります。そのため上手にストレスを発散することが大切です。

長所と短所

長所
- 社交的で世話好き
- 気遣いがこまやか
- 結婚後は家庭的になる
- 華やかな雰囲気
- おもてなし上手で人を喜ばせるのが好き
- ムードメーカー
- 説得力がある
- おしゃれでセンスがいい
- コミュニケーション能力が高い

短所
- プライドが高い
- 気を使いすぎて疲れやすい
- 相手を甘やかしてダメ人間を育てがち
- 気難しいところがある
- 沼恋にハマりやすい
- 浪費家
- 実は計算高い
- 興味を失うと投げやりになる

自分らしく生きるキーワード

- 気を使いすぎない
- 人を喜ばせる
- ときには自分を優先する
- 三角関係にならないよう注意！
- とにかく楽しむ！

基本ステータス

モテ度	★★★★★★★☆
変態度	★★★★★☆☆☆
見栄っ張り度	★★★★★★☆☆
サービス精神度	★★★★★★★★
マイペース度	★★★☆☆☆☆☆
ナルシスト度	★★★★★★★☆
ビビり度	★☆☆☆☆☆☆☆
チャレンジャー度	★★★★★★★☆

あなたはこんな人

サービス精神にあふれ
みんなからモテモテ！
そんな自分が大好きな
根っからのチャレンジャー

十二支別ナンバー7の特性

ナンバー7 × 子年(ねずみ)

つきあい自体は悪くないのですが、「もてなせば後から返ってくるだろう」という計算高いところがあり、それが見えてしまうと嫌われます。勉強家で説得力もあるため、人を信じさせるのは大得意。ただ、悪いことに力を使わないように注意を!

ナンバー7 × 卯年(うさぎ)

比較的色気が控えめで、サバサバした少年少女っぽい人も多いでしょう。いちばん頑固で自分のスタイルを崩したくないため、人の意見に耳を貸しません。そのまま自分の利益だけ追い求めると、よさが消えて運気がダウンするので、協調性を大切に。

ナンバー7 × 午年(うま)

恋愛相手を探すときは見た目を重要視し、内面はどうにかすればいいと考えているような節があります。そのため、恋人になっても長続きしにくく、浮気もしがちです。また、女性は結婚相手を選びすぎて、なかなか踏みきれないことが多いようです。

ナンバー7 × 酉年(とり)

芽が出なくてもずっと水と肥料をあげ続けるような世話好きな人で、相手のことを異常なほど甘やかす傾向があります。ただ、面倒見がよすぎてキャパオーバーになり、体調を崩しがち。ナンバー7の中ではいちばん金運がよく、お金には困らないでしょう。

ナンバー7の有名人

- 柄本明さん
- 井上陽水さん
- 安藤和津さん
- 大竹しのぶさん
- 東国原英夫さん
- かたせ梨乃さん
- 斉藤由貴さん
- 東山紀之さん
- 安田成美さん
- 永瀬正敏さん
- 野村萬斎さん
- 内田有紀さん
- 米倉涼子さん
- 吉瀬美智子さん
- 伊藤英明さん
- 本上まなみさん
- 田中圭さん
- 平愛梨さん
- ベッキーさん
- 生田斗真さん
- カズレーザー(メイプル超合金)さん
- 有村架純さん
- 菅田将暉さん
- 神木隆之介さん
- 藤井聡太さん
- 生見愛瑠さん
- 紀平梨花さん

ラッキーナンバー

13

ナンバー7の人はとにかく楽しむことが運気アップの秘訣なので、明るく元気に楽しむことができる13をどんどん使って。「誰かのために」という気持ちからくる疲れも軽減してくれます。

1は「自分が一番」「我が道を行く」という数字。なので、いつも他人を優先しがちなナンバー7の人がこの数字を使うと、自分にも目を向けられるようになり、それが運気アップにつながっていきます。

ラッキーカラー

- イエロー
- ゴールド
- ピンク
- マゼンタ

ラッキーアイテム

アクセサリー

華やかな雰囲気とセンスのよさを生かすと運気が上がるので、アクセサリーがラッキーアイテムに。宝石を使ったものや、ハイブランドのキラキラしたゴールド系のものならより運気がアップ！

リップクリーム

口周りのケアをすると運気がアップするので、唇の荒れはリップクリームで整えて。また、歯ブラシや口臭ケア用のタブレットを持ち歩いたり、好きな色の口紅を塗ったりするのもおすすめです。

ラッキーフード

鶏肉、米、チーズ、カレー、デザート、豪華なディナー、はちみつ、お酒、フルーツ、スパイス系

ラッキースポット

バー、イルミネーション、豪華客船の旅、夜の海、ロマンチックな場所、夜の展望台、ネオン街、スイーツバイキングの店

ナンバー
7

シウマからの開運メッセージ

おもてなしの心で
みんなを喜ばせるのが
上手なあなた。
他人だけでなく
自分も楽しくなるように
意識すると、みるみる
運気がアップします

WHAT'S YOUR DESTINY?

Message from
SHIUMA

ナンバー8

基本特性

堅実さは随一！ 気分しだいの点もあり

ナンバー8の人は「山」の属性があるので、文字どおり山のようにどっしりとしています。また、固定や定番といった言葉が好きで、いちばん堅実かつ頑固です。ルーティンも重視し、不安要素を極力排除しようとするので、旅行するとしたら毎年同じ場所を選び、同じ宿に泊まろうとします。

その半面、山の上に広がる空のように、気分がコロコロ変わります。そのため、普段は率先して動かないのに、気分しだいでどんどん動きますし、ラーメンを食べに行く途中で「やっぱりカレーにする」と言い出すようなところがあり、一筋縄ではいかないタイプといえるでしょう。しかも、機敏さや臨機応変さはないため、スピードを求められたり、急かされたりするのは大の苦手です。

そんな気分のムラや不安定さを払拭してくれるのが、ナンバー8と相性のいいラベンダーのカラーや香り。日常生活に取り入れると、気持ちも運気も安定します。

- 感情が顔に出ないので いつも不機嫌だと勘違いされる
- 努力を怠らないので 周囲から頼りにされる
- 嫌いな人の話はスルー
- 湯船に入るかどうか 気分によって決める
- のんびりした性格
- 太りやすい
- 和食系を好む
- 警戒心が強い
- 好きかどうかわからないうちに つきあい始める
- 身内の紹介で出会った人と つきあいやすい
- 恋愛はマンネリ化しやすい
- パートナーが不満を持ちやすい
- 好きなタイプがなく、 そのときどきで変わる
- サプライズが苦手
- 几帳面
- 仕事は丁寧

ナンバー **8**

コツコツまじめで頑固な人

才能と適職

地道に努力を重ねてやり抜く

根がまじめで粘り強く、なおかつ頑固で責任感があるので、一度決めたことや任されたことを最後までやり抜きます。どちらかと言うと感覚を生かすよりも、ガマン強く地道に努力を重ねていくほうが実りも多くなり、才能もどんどん伸びて成功しやすくなります。

とくに、いわゆるかたい仕事が向いているので、役人や官僚、政治家や教育関係、銀行員などが適職です。また、決まった作業でコツコツ積み上げていくのも得意なので、学者や研究員、職人にも向いています。ただ、急かされるのは嫌いなので、自分のペースで進められるフリーランスの仕事などでも能力を発揮しやすいでしょう。

あまり目立たないので若いうちは評価されにくいものの、コツコツと努力を続けていれば必ず報われます。後継者運が強いので、親からの事業を受け継ぐことが多いのもこのタイプです。中には、血縁でない人から事業を引き継ぐようなこともありそうです。

人間関係

狭くて深い人間関係を持続させる

意思や自尊心が強く、頑固で融通はあまりきかないものの、頭がよくて几帳面なので周りからは頼りにされます。面倒見もいいので、部下や後輩から慕われるタイプです。

ただ、感情をあまり表に出さず、機嫌がよくても悪くても同じ顔をしているので、いつも怒っているように見えてしまいます。そのため、どうしても第一印象で損しやすいのですが、きちんと話せばその誤解も解け、深くつきあうほど、よさをわかってもらえます。

一度味方になれば、ずっと味方でいてくれる人でもあります。ただ、あまり環境を変えたがらないうえに、たとえ環境が変わってもつきあう相手を変えないので、人間関係は狭くて深くなる一方です。しかも広げようともしないので、社交性は残念ながらナインナンバーの中で最も低いといえるでしょう。

普段は無表情なのに好き嫌いだけは顔に出し、嫌いな人に対しては露骨にイヤな顔をして無視するようなところもあります。

金運

金運は安定傾向 経済観念も抜群

金運は安定していて、お金に困ることは少ないでしょう。性格が堅実で経済観念もしっかりしているため、コツコツ稼いで貯蓄し、投資などにも積極的です。そうやって長年貯めたお金で事業を立ち上げるなどして、大成する人もいるでしょう。また、相続や継承という運勢もあり、若いうちから金銭に恵まれる人も多いのがこのタイプです。

節約も大好きで、どこのスーパーが安いか、逐一情報をチェック。ストックするクセがあるので、物は増えがちです。

恋愛運

時間をかけて 恋を育てていく

恋愛に対してはマメで、時間をかけて恋を育てるタイプです。ただ、ルーティンを重視するので面白みに欠け、甘いムードやロマンチックな雰囲気は苦手。そのため片思いで終わることも多そう。また、事前の計画がないと動かないタイプなので、急なデートやいきなりの変更には対応しきれず、サプライズも苦手です。

自分では、好きな異性のタイプがあると思っているものの、実は気分で変わっているので、歴代の相手を見るとタイプはバラバラ、ということもあります。

結婚・家庭運

若くして結婚し 仲よし家族に

結婚運は高めで、恋愛＝結婚という考えが強く、婚期も早いほうです。女性は結婚すると教育ママになり、自分の理念を子どもに伝えようとします。男性もイクメンになりますが、子どもより妻を優先して、安定した関係性でいたいと願います。

家庭運もまずまずで、家族や親戚との縁が強く、助けられることも多いでしょう。夫婦関係も長続きするほうですが、マンネリ化すると浮気されてしまうおそれがあるので、定期的に家族旅行に出かけるなど、非日常を演出することも忘れずに。

健康運

肥満と腰痛が心配 すぐに対策を！

体は丈夫なほうなのですが、腰が弱いので腰痛に悩む人が多いようです。しかも、かなりガマン強いうえにビビりなところもあるので、診察してもらうのを躊躇しているうちに悪化することも。まずはマッサージに行ってみるなど、早めに対策することが大切です。また、痔にもなりやすい傾向があるので注意してください。

ナンバー8は太りやすいという特徴も持っているので、日頃から食べすぎや運動不足に注意して体形や体重管理を心がけましょう。

長所と短所

長所
- まじめで粘り強い
- コツコツ努力するので周りから信頼される
- ガマン強い
- 後継者運がある
- 家族や親戚との縁が強い
- 結婚すると教育ママとイクメンになる
- 金運がいい
- 節約が大好き
- 約束は守る

短所
- 社交性がない
- 頑固で融通がきかない
- 気分にムラがある
- 警戒心が強い
- 環境を変えたがらない
- 臨機応変に対応できない
- 急かされるのが苦手
- 第一印象が悪い
- 恋愛がマンネリ化しやすい
- 好き嫌いが激しい

自分らしく生きるキーワード

- 柔軟さを覚える
- 粘り強く努力する
- 気分のムラを抑える
- 成果が見えなくてもめげずに頑張る
- 恋にスパイスを添えてみる

基本ステータス

項目	評価
モテ度	★★★☆☆☆☆☆
変態度	★★★★★☆☆☆
見栄っ張り度	★★★★☆☆☆☆
サービス精神度	★☆☆☆☆☆☆☆
マイペース度	★★★★★★★☆
ナルシスト度	★★★★☆☆☆☆
ビビり度	★★★☆☆☆☆☆
チャレンジャー度	★★★★☆☆☆☆

あなたはこんな人

まじめさはピカイチでも
キャラは独特で強烈！
コツコツ努力する
マイペースな気分屋

十二支別ナンバー8の特性

ナンバー8 × 寅年(とら)

実はかなりのビビりなので、いちばん好不調の波が出やすくコントロールしにくいタイプ。絶好調なときだけは前に出ますし、気分が乗らなければ悪気なくドタキャンします。メンタルは弱いので、都合の悪いことを忘れることでバランスをとっています。

ナンバー8 × 巳年(へび)

とにかく安心したいので、何事も早く決めたがります。もし1カ月後に旅行をするとなったら、交通手段や泊まる場所はもちろん、食べるものまで先に決めたいタイプです。また、心配性ゆえに物をため込みがちで、消耗品ほどその傾向が強まります。

ナンバー8 × 申年(さる)

とても家族思いで、男性は母親や姉妹を、結婚後は妻や娘をとても大切にします。女性は子どもたちをきちんとした人に育てようと責任感が強まり、父親的役割も果たそうとします。また、恋人の家族構成までチェックするようなところもあります。

ナンバー8 × 亥年(いのしし)

ナンバー8にしては勢いがあり、思い立ったら動けるほうですが、なぜかもの忘れをしやすく、話もコロコロ変わりやすい傾向があります。物欲はあまりなく、子どもの教育にしっかり投資するタイプです。思いつきでなんとなく始めたことが大成することもあるでしょう。

ナンバー8の有名人

- 泉ピン子さん
- 西田敏行さん
- 稲川淳二さん
- 細野晴臣さん
- 寺尾聰さん
- 長渕剛さん
- 桑田佳祐さん
- 竹中直人さん
- 宅麻伸さん
- 中森明菜さん
- ヒロミさん
- 本木雅弘さん
- 沢口靖子さん
- 南原清隆(ウッチャンナンチャン)さん
- 上川隆也さん
- 仲村トオルさん
- 草彅剛さん
- 有吉弘行さん
- 陣内智則さん
- 水野美紀さん
- 千原ジュニア(千原兄弟)さん
- 後藤久美子さん
- 松井秀喜さん
- 松本潤(嵐)さん
- 二宮和也(嵐)さん
- 水川あさみさん
- 山田孝之さん
- 鈴木亮平さん
- 白石麻衣さん
- 高橋文哉さん

ラッキーナンバー

8は堅実で安定感があり、気分のムラを抑えてくれるタフな数字です。そのため、ナンバー8のマイナス面をしっかりフォローしてくれます。使えば使うほど気力、体力、精神力のすべてが充実します。

明るくなって表情のかたさがやわらぎ、人間的な魅力がぐんとアップする数字。独自のセンスも発揮しながら夢に向かって突き進むようにもなり、みんなから応援されるカリスマ的存在になれるでしょう。

ラッキーカラー

- バイオレット
- ゴールド
- マゼンタ

ラッキーアイテム

ベルト、腰巻き

体の中心や体幹を整えると、テンションの高低や気分のムラを抑制できるようになります。そのため腰巻きやサポーターなどでカバーしたり、ベルトで腰に意識を集中させたりするとよいでしょう。

リュック

心配性ゆえにいろいろなものを持って歩きたいタイプなので、物がたっぷり入るバッグ類はラッキーアイテム。とくにリュックは両手が自由に使えて、何かあっても対策しやすいのでおすすめです。

ラッキーフード

根菜類、きのこ類、にんじん、いも類（じゃがいも、さつまいも）、大根、精進料理、シンプルな家庭料理、おでん

ラッキースポット

山、大木や大きい岩のある場所、城の石垣、石畳の遊歩道、ピラミッド、高層ビル

シウマからの開運メッセージ

ナンバー 8

一歩一歩確実に努力を重ねていくまじめなあなた。どうしてもストレスをためがちなので上手な発散が開運には必要です

Message from SHIUMA

ナンバー9

基本特性

直感型のパワフルなナルシスト

ナンバー9だけが「火」の属性で、この火は太陽も表します。そのため、あらゆるものや人に光を注ぎ、暗闇を明るく照らすような存在になります。直感力や先見の明もあるので、本気で取り組めば多大な評価を得ます。中でも辛抱強い人は上に行くエネルギーが強いので、より成功しやすいでしょう。

かなりのナルシストで自己アピール力にも長けています。人に評価されたり、容姿や持っているものをほめられたりすると喜びますが、いじられるのは嫌いです。

周囲を見渡す目があり批判力も抜群ですが、頭で考える前に言葉が出てしまう直感型で、言ったことをすぐ忘れがち。怒りっぽいものの根はさっぱりしています。

珍しいものや新しいものも大好きです。逆に流行のものにうとかったり批判的だったりすると、運気が平凡に。ナインナンバーの中でいちばん熱しやすく冷めやすいので、継続する力を身につけるといいでしょう。

- 前に出たがる
- ミーハー気質
- お風呂は熱めが好き
- 感情的になりやすい
- 植物を枯らす
- せっかち
- 辛いものが好き
- 暑がり
- 敵をつくりやすい
- 繊細で傷つきやすい
- 個性的なファッションが好き
- 自分の美的センスを疑わない
- 思ってもいないことを言って相手を傷つけがち
- プライドが高いが打たれ弱い
- 1日に何回も鏡をチェックする
- 使っていないコスメや美容グッズを捨てられない
- 過去にあったイヤなことをいつまでも覚えている

ナンバー 9

センスがあり魅せる力のある人

才能と適職

才能のかたまりのようなエリートタイプ

　人の上に立つという運気を持つエリートタイプで、直感力や感受性、さらに美的センスも抜群。頭脳明晰で鋭い判断力と先見の明もあり、なんでも器用にこなして目標に向かい情熱的に突き進みます。そのため、どんなジャンルでも成功しますが、一般企業なら企画や広報などが適職です。

　流行にも敏感なのでアパレル関係の仕事もいいですし、美的センスが抜群なのでスタイリストや美容師、メイクアップアーティストなども適職です。タレントやモデルのような「魅せる」側の仕事でも活躍します。

　勝ち気なところもあり、弁護士や検察官、スポーツ選手など「戦う」仕事でも能力を発揮します。才能のかたまりのような人なので、若いうちから第一線で活躍する人もいますが、成果が出たとたん興味を失うなど継続力はイマイチ。無理な挑戦をして失敗することもあります。ただ、中年以降はそれまでの経験を生かし、能力をいかんなく発揮します。

人間関係

ドライな人間関係で満足できる

　自己評価がかなり高めで、その評価に結果がついてくると、人をなめてかかるようなところがあります。すると、敵をつくることになって痛い目にあうので、天狗にならないように気をつけないといけません。

　また、実力を示せば人はついてくると思っているところがあって、興味のある人以外には自分から歩み寄ろうとしません。かなり個性的でもあり、人が真似できないことで目立つため、ひがまれたりねたまれたりすることもよくあるでしょう。

　自分ではできないことをやっている人のことは尊敬しますが、目下の人を見下す傾向があります。きちんと結果を出している人も好きで、同じような人たちでつるみたがります。そうやって自分についてこられる人としかつきあわず、去る者も追わないので人間関係はかなりドライでしょう。ただ、そもそも人間関係をさほど重視していない人が多いので、それで十分に満足できます。

金運

金遣いは下手でもなぜか巡ってくる

いわゆる浪費家で、後先を考えずに身の丈に合わない買い物をするなど、お金の使い方がとにかく下手。趣味も多く、流行のものやブランドものにも目がないので、金運の波はどうしても大きくなります。

とはいえ、お金が巡ってきやすいタイプで、使った分だけ入ってくるため、「借金しても後でなんとかなる」と思っている節もあります。また、お金を持っていなくても持っているように見せるのも上手です。浪費を控えて貯蓄するようになれば、その後の金運が確実にアップします。

恋愛運

ビジュアル重視で妥協もしない

容姿端麗でセンスもいいのでモテますし、恋のチャンスも多いですが、相手選びの際はビジュアルを最優先し、妥協はしません。そのため、一緒にいて"映える"人を選びやすいでしょう。一方、磨けば光る対象を見いだし、好みのビジュアルに仕立てることもあります。

かなり早熟なタイプで、恋に落ちるとどっぷりハマることも。一目惚れもしやすいですが失敗しやすく、飽きっぽくて移り気なところもあるでしょう。実は片思い期間がいちばん盛り上がります。

結婚・家庭運

勢いや見た目で結婚するのは×

ノリで結婚するなど婚期が早い人も多い一方、高い目標を達成するために結婚がじゃまだと感じると後回しにしがち。また、ビジュアルだけを重視した結婚で失敗しやすいので、相手の内面をしっかり見極めることが大切です。

相手に飽きたら躊躇なく離婚しますが、世間体を気にして仮面夫婦を演じる人も多いでしょう。

また、家族からはとてもかわいがられますが、聡明さゆえに反抗的になり、衝突することがよくあります。

健康運

神経系と首から上に弱点が集中

神経系や首から上が弱く、目の病気や片頭痛、肩コリなどで悩みがちです。しかもマッサージは施術する人との相性が悪いとあまり効果が得られません。そのため、マッサージ店を転々とする人も。また、暑がりですが末端は冷えやすく、靴下をはいて寝る人も多いでしょう。

なお、髪が健康のバロメーターになり、髪質が整っていると体調だけでなく気分も運気も上がります。逆にボサボサだと下がるので、トリートメントなどでしっかりケアすることが大切です。

ナンバー 9

長所と短所

長所
- 容姿端麗
- 先見の明がある
- 自己アピール力が抜群
- 本気になれば高評価を得られる
- 情熱的
- エリートタイプ
- 直感力や感受性が強い
- 流行に敏感
- 美的センスが抜群
- 勝ち気

短所
- 継続力があまりなく熱しやすく冷めやすい
- 浪費家でお金の使い方が下手
- 沸点が低い
- 目下の人を見下しがち
- 人間関係がドライ
- 天狗になりやすい
- 飽きっぽくて移り気
- ビジュアル重視で恋愛や結婚をして失敗する

WHAT'S YOUR DESTINY?

自分らしく生きるキーワード

- 美的センスを生かす
- 最新トレンドをチェックする
- 自分の感性や直感を信じる
- 飽きっぽさを改善する
- 継続力を身につける

基本ステータス

モテ度	★★★★★★★☆
変態度	★★★★★☆☆☆
見栄っ張り度	★★★★★★★★
サービス精神度	★★★★★★☆☆
マイペース度	★★★★★★☆☆
ナルシスト度	★★★★★★★★
ビビり度	★★★★★★★★
チャレンジャー度	★★★★★★★★

あなたはこんな人

> キャラがめちゃくちゃ濃い
> 自分大好きな
> 見栄っ張りのナルシスト。
> それでもモテ度は高め

十二支別ナンバー9の特性

ナンバー9 × 丑年(うし)

みんなにいい顔をしたいタイプなので、第一印象はやわらかめ。ですが、実は裏で陰口を言っているようなところがあり、やや上から目線でトゲもあります。ただ、あまりメンタルは強くないので、テンションを切りかえるルーティンを持つようにしてください。

ナンバー9 × 辰年(たつ)

かなりの冒険家で根拠のない自信があり、ナンバー9の中でもいちばん直感型です。その半面、メンタルはいちばん弱く、失敗したときに大ダメージをくらいがち。また、独走状態のワンマンタイプだと人気がついてこないので、人とのつながりを持つようにしましょう。

ナンバー9 × 未年(ひつじ)

比較的穏やかでなおかつ謙虚なタイプ。雰囲気もやわらかくて優しく、相手に気づかせないほど配慮もこまやかです。あまり前に出ていこうとしませんが、ときおり時代の流れを変えるような人が現れます。直感力もありますが、全部を信じきれないところがありそうです。

ナンバー9 × 戌年(いぬ)

実力のある人やお世話になった人には従順で、決して裏切らないタイプです。好き嫌いもかなりはっきりしていて、お世話になった人の敵にはかみつきます。基本的に実力主義なので、自分よりできるか、恩義に感じるかどうかを重視し、そうでない人は認めません。

ナンバー9の有名人

- ビートたけしさん
- 高田純次さん
- 堺正章さん
- 倍賞美津子さん
- 役所広司さん
- 明石家さんまさん
- 内藤剛志さん
- 江川卓さん
- 郷ひろみさん
- 阿部寛さん
- 山口智子さん
- 内村光良(ウッチャンナンチャン)さん
- 堤真一さん
- 出川哲朗さん
- 薬師丸ひろ子さん
- 高島礼子さん
- イチローさん
- 松嶋菜々子さん
- 堺雅人さん
- 大泉洋さん
- 反町隆史さん
- 宮沢りえさん
- 宇多田ヒカルさん
- 米津玄師さん
- 高畑充希さん
- 浜辺美波さん
- 岡田結実さん

ラッキーナンバー

17

高い目標を持って行動を継続することで、タレント性を輝かせる数字。熱しやすく冷めやすい性格に、継続の大切さを教えてくれます。美的センスが高まり、自身の魅力も磨けるようになります。

35

とてもまじめで、なおかつ優しさにあふれた数字なので、ナンバー9の感情的な性質をやわらげてくれます。また、細かいことによく気づけるようになり、周りをさりげなくサポートします。

ラッキーカラー

- レッド
- バイオレット
- オレンジ

ラッキーアイテム

香水

嗅覚が敏感なこともあり、香水などでいい香りをまとうと、運気がアップします。ただし、使いすぎて香りが強すぎると周りに迷惑をかけて運気がダウンするので、使う量にはくれぐれも注意しましょう。

首から上のアイテム

サングラスや伊達メガネ、イヤリングやピアス、カチューシャなど首から上につけるものがラッキーアイテム。また、ホットアイマスクや目薬など、目をケアするアイテムもどんどん使って。

ラッキーフード

辛い料理(チゲ鍋)、映え食材、色の鮮やかな食材、ブルーベリー(目にいいもの)、ステーキ、赤い食べ物、トマト系パスタ、麻婆なす

ラッキースポット

美容室、美術館、流行している場所、アパレルショップ、高いタワー、映えスポット

ナンバー 9

シウマからの開運メッセージ

とにかくモテますが、相手の内面に目を向けその場の感情に流されないことが大切。継続力と忍耐力をしっかり身につければ何事もうまくいきます

WHAT'S YOUR DESTINY?

Message from SHIUMA

COLUMN

＼ナインナンバーでわかる！／
なんでもランキング①

宇宙人TOP3

ナンバー1は自分をわかりやすい人と思い込んでいて、宇宙人の自覚ゼロ。でも実はわかりづらい人というギャップで1位に。ナンバー9はルールに縛られるのを嫌い、言うことを聞かないうえに、自信たっぷりに先を行くので理解されにくいでしょう。ナンバー8は無表情な気分屋で周りに気を使わせがち。しかも謝ればすむと思っていて、ドタキャンした翌日に平気で顔を出し、周りを戸惑わせていそう。

美食家TOP3

ナンバー7はナインナンバーの中で最もグルメなタイプなので、おいしいものがとにかく大好き。料理にハズレのない店を見つけるのも得意です。ナンバー6は基本的に高級志向なので、高級食材や高級店にお金を使うことに躊躇せず、食に対して一切妥協しません。一方、周りに影響されやすいナンバー4は、自分からリサーチするというよりも、人にすすめられておいしいものを楽しむタイプです。

第3章

COMMON THINGS OF
NINE NUMBER

シーン別
ナインナンバー
あるある

食べ物あるある 編

ナインナンバーごとに食の好みや食べ方の傾向があります。
身近な人を思い出しながら読んでみても楽しいですよ。

#おでんで最初に食べるもの

大根やはんぺん（白いもの）を選びがち
ナンバー❶ ナンバー❻

ラッキーフードの白い食材が大好きなナンバー1と6。さらに6は王道メニューを選びがちです。

昆布を選びがち
ナンバー❷

ナンバー2にとって庶民的な料理のおでんは相性抜群。黒と緑の食材はより運気を上げてくれます。

しらたきを選びがち
ナンバー❹

ナンバー4は麺類など細くて長い食材がラッキーフード。おでんならしらたきがベスト食材です。

たまごを選びがち
ナンバー❸

ナンバー3は「朝」のエネルギーを持ち、鶏が朝に産み落とすたまごは運気アップに役立ちます。

厚揚げを選びがち
ナンバー❼ ナンバー❾

おいしくて食べごたえのあるものが好きなナンバー7と9、どっしりした厚揚げはもってこい！

牛すじを選びがち
ナンバー❺

ナンバー5はラッキーフードの茶色い食べ物やクセのある食べ物が大好き。おでんなら牛すじが◎。

こんにゃくを選びがち
ナンバー❶ ナンバー❽

約97％が水分のこんにゃくは、ナンバー1のラッキーフード。8は定番メニューを選びがち。

ロールキャベツを選びがち
ナンバー❾

ナンバー9はおしゃれなものや手の込んだものが大好きなので、ロールキャベツがぴったり。

COMMON THINGS OF NINE NUMBER

食べ物あるある編

#ランチに行ったとき

セットメニュー頼みがち

ナンバー2、4、5、7はお得なものに目がありません。とくに欲張りな5はその傾向が強めです。

ランチで1000円以上は許せない

倹約家のナンバー2と8にとって、1000円のランチはハードルが高く、めったに選びません。

おみそ汁やスープなど汁ものから食べる
ナンバー1　ナンバー2　ナンバー8

ナンバー1、2、8は汁ものがないとダメなタイプ。1にとっては汁ものもラッキーフードです。

人のおすすめで選びがち
ナンバー4　ナンバー7　ナンバー8

自分で決めるのが得意ではないナンバー4、7、8は、店のおすすめがあるとホッとします。

さんざん迷ったあげく「○○さんと同じで」と言いがち
ナンバー4

優柔不断なうえ、人と同じものを選べば大丈夫だろうという打算的なところがナンバー4にはあります。

メニューをじっくり見て選びがち
ナンバー6

ナンバー6はおいしいものが大好きで、絶対外したくない気持ちが強く、選ぶのに時間をかけます。

一番人気を選びがち
ナンバー5　ナンバー7　ナンバー9

ナンバー9は人気があるものが好きで、ナンバー5は人気メニューを食べたと自慢したいタイプ。

すぐにできるメニューを選びがち
ナンバー3

かなりせっかちなナンバー3は、よほど時間があるとき以外はすぐ出てくるものを選びます。

常連のお店なら決め打ち
ナンバー3　ナンバー6　ナンバー8

ナンバー3、6、8は冒険しないタイプ。とくに6はおいしいとわかっているメニューを選びがち。

新しいもの、変わったものを選びがち
ナンバー1　ナンバー3　ナンバー7

最もグルメなナンバー7と変化が好きな1。そのため新メニューや食べたことのないものに興味津々!

COMMON THINGS OF NINE NUMBER

食べ物あるある

#焼き肉に行ったとき

基本的に自分では焼かない
ナンバー5

人に世話してもらうほうが好きなナンバー5は、自分で焼こうとはしません。

焼き奉行になりがち
ナンバー2　ナンバー7　ナンバー9

面倒見のよいナンバー2や7、火が好きな9はつい焼き奉行に立候補してしまいます。

できればお店の人に焼いてもらいたい
ナンバー3　ナンバー5　ナンバー6

高級志向なところがあるナンバー6は、できれば店員さんが焼いてくれる店に行きたいタイプ。

定番の肉しか注文しない
ナンバー2　ナンバー8

ナンバー2も8も変化を好まないので、いわゆる定番の肉ばかりを頼む傾向があります。

コース料理を注文しがち
ナンバー7

肉や副菜をいろいろまんべんなく味わいたいナンバー7は、コース料理が大好き。

サンチュを頼みがち
ナンバー1　ナンバー3　ナンバー4

ナンバー1、3、4は肉よりも野菜が好きな人が多く、肉をサンチュで巻いて食べたいタイプ。

同じ肉をリピートしがち
ナンバー6　ナンバー9

おいしいと気に入ったものを繰り返しがちなナンバー6と9。

お店にすすめられたタレで食べたい
ナンバー2　ナンバー4　ナンバー5　ナンバー7

ナンバー2、4、5、7は「おすすめ」に弱く、冒険もしないので、素直にすすめられたタレで食べます。

サイドメニューを多く注文しがち
ナンバー1　ナンバー3　ナンバー9

子どものようにあれもこれも食べたがり、たくさんのお皿が並ぶとウキウキするのがナンバー3！

COMMON THINGS OF NINE NUMBER

食べ物あるある

#スイーツを食べるとき

ショートケーキの
いちごは最後に食べる

ナンバー4

好きなものを最後までとっておいて、じっくり堪能したいナンバー4です。

アイスのフタの
裏をなめがち

ナンバー5

ナンバー5は人の目を気にしないうえに、もったいないからとアイスのフタまできれいになめがちです。

食べるとき口元にクリームつけがち
ナンバー1 **ナンバー3** **ナンバー9**

ナンバー3は子どもっぽいところがあるので、クリームをこぼしたり、手を汚したりしがち。

友達が食べているものを「ひと口ちょうだい」と言いがち
ナンバー5 **ナンバー7**

ナンバー7は単純に人が食べているものに興味があり、5はやや横取りしたい気持ちがあります。

老舗有名店のスイーツを選びがち
ナンバー6 **ナンバー7**

高級志向のナンバー6とグルメな7は、老舗や有名店のスイーツを好む傾向があります。

ふわふわクリームのスイーツが好き（シュークリーム、ロールケーキ）
ナンバー1 **ナンバー4** **ナンバー9**

ナンバー1、4、9はやわらかい食感がお気に入り。クリームたっぷりが好みです。

あんこの和菓子が好き（大福、おまんじゅう）
ナンバー2 **ナンバー6** **ナンバー8**

ナンバー2はラッキーフードの和菓子を選びやすく、8も洋より和を好むタイプです。

新製品、限定スイーツに弱い
ナンバー5 **ナンバー7** **ナンバー9**

ナンバー7は新しい、限定という言葉に弱く、5、9は人より先に手に入れたい気持ちが強め。

ひんやりスイーツが好き（アイスやソフトクリーム）
ナンバー1 **ナンバー9**

ナンバー1と9は冷たいものが大好きで、サービスエリアなどでソフトクリームを買いがち。

王道ショートケーキを選びがち
ナンバー2 **ナンバー6** **ナンバー8**

ナンバー6はとにかく王道が大好き。2、8も定番が好きなのでショートケーキを選びがちです。

COMMON THINGS OF NINE NUMBER

作りおきが好き
ナンバー1　ナンバー3　ナンバー9

めんどくさがりのナンバー1と効率重視の3、せっかちな9は作りおきを便利に活用します。

賞味期限切れがち
ナンバー2　ナンバー7　ナンバー8　ナンバー9

ナンバー2と8はのんびりしていて、7はたくさん買いすぎて使いきれないタイプです。

汁ものがないと落ち着かない
ナンバー1　ナンバー4　ナンバー9

ナンバー1は大量に作っておいた汁ものを、温め直して数日かけて食べるタイプです。

冷凍食品を買いそろえがち
ナンバー1　ナンバー2　ナンバー3　ナンバー8

ナンバー3は調理の時間をとにかく短くしたいので、冷凍食品を上手に使いこなします。

時間をかけて料理しがち
ナンバー2　ナンバー6　ナンバー7

グルメなナンバー7は凝った料理を作るのが好き。6はレシピどおり丁寧に作ります。

調味料を多く買いがち
ナンバー4　ナンバー5　ナンバー7

優柔不断であれもこれも買ってしまうナンバー4、クセのある調味料を買ってしまうのが5です。

煮物を作りがち
ナンバー2　ナンバー5　ナンバー8

ナンバー5は火を使う料理が得意。また、2と8はじっくり待てるので煮物を上手に作ります。

炒め物を作りがち
ナンバー3　ナンバー9

せっかちなナンバー3と9は、強火でさっと作れる炒め物が食卓に上ることが多くなりがち。

なにかとスイーツを冷凍させがち
ナンバー1　ナンバー9

ナンバー1はチョコレートなどスイーツを冷凍して、冷え冷えの状態で食べる傾向があります。

COMMON THINGS OF NINE NUMBER

習慣あるある 編

ちょっとした毎日の習慣もナインナンバーごとに個性あり。
自分でも思い当たる節がありませんか？

#宿題＆課題があるとき

ギリギリまでやらない
  ナンバー9

ナンバー3、7、9は「なんとかなる」と思いがち。ラストスパートで帳尻を合わせます。

サクサクやって早めに提出

ナンバー4は用心深く、6は几帳面な努力家なので、宿題や課題はさっさとすませます。

〆切を過ぎても気にしない
ナンバー1 **ナンバー5**

マイペースなナンバー1と5は期限が過ぎてもへっちゃら。中には提出すらしない人も!

完璧に仕上げたい
ナンバー6 **ナンバー8**

中途半端が嫌いなナンバー6と一度決めたことをやり抜く8はパーフェクトを目指します。

苦手なことから片づける
ナンバー6

ナンバー6はきちんと終わらせたいという気持ちが強く、時間がかかりそうなものから取り組みます。

やりやすいことから片づける
ナンバー3 **ナンバー5** **ナンバー9**

効率重視のナンバー3やせっかちな9、面倒なことが嫌いな5はすぐできることから始めがち。

コツコツ地道に進められる
ナンバー2 **ナンバー6** **ナンバー8**

地道に努力できるナンバー2や責任感の強い6、堅実な8は物事をきちんとこなしたいタイプ。

やる気スイッチが入らないとできない
ナンバー1 **ナンバー7** **ナンバー8** **ナンバー9**

ナンバー1はやる気にならないと動きません。移り気な9も似たところがあります。

「やりなさい」と言われるとやる気を失う
ナンバー3 **ナンバー5** **ナンバー9**

ナンバー3、5、9は自分のペースで進めたいタイプなので、口を出されるとやる気を失いがち。

途中でこまめに相談する
ナンバー2 **ナンバー7**

まじめなナンバー2は間違えていないか、問題がないか不安になって、すぐ人に相談します。

COMMON THINGS OF NINE NUMBER

習慣あるある 11

#ドライブや移動手段

運転は自分でしないと落ち着かない
ナンバー3　ナンバー6　ナンバー7

自分のペースで動きたいナンバー3、6、7は運転するのが大好き。他人の運転だとイライラしがち。

できれば運転はしたくない
ナンバー5　ナンバー8

ナンバー5はなんでも人にやってもらいたいタイプで、8は臨機応変な対応ができず運転が苦手。

スピード出しがち（車・バイク・自転車問わず）
ナンバー1　ナンバー3　ナンバー5　ナンバー9

せっかちなナンバー3と9、マイペースな1と5はついスピードを出しすぎてしまう傾向が大。

他人の運転にあれこれ言いがち
ナンバー6　ナンバー9

批判力のあるナンバー9、いちいち指導したい6は、自分が運転下手でも人の運転に口を出します。

超・安全運転主義
ナンバー2　ナンバー6　ナンバー8

絶対に事故を起こしたくない慎重派のナンバー2や堅実派の8、正義感の強い6は安全第一!

タクシーに乗りがち
ナンバー1　ナンバー4

体調不良を起こしやすいナンバー1、ややめんどくさがりな4は躊躇なくタクシーを使います。

電動キックボードのような新しい乗り物に乗りがち
ナンバー3　ナンバー7　ナンバー9

ナンバー3、7、9は新しいものが大好き。とくに7は流行のものに飛びつく傾向があります。

自転車が好き
ナンバー3　ナンバー6　ナンバー9

ナンバー3と9は歩くよりも早い自転車が大好き。6も自在にあちこち行けるのがお気に入り。

COMMON THINGS OF NINE NUMBER

習慣あるある❶

#待ち合わせのとき

時間ぴったりに到着

自分に厳しいナンバー6と、のんびりやだけど責任感がある8は、きっちり時間を守ります。

かなり余裕をもって到着している

まじめでせっかちなナンバー3と、人を待たせたくない4は、早めに着くよう行動します。

待ち合わせに遅れがち
ナンバー5　ナンバー7　ナンバー9

ナンバー7は身支度に時間がかかって遅刻ぎみ。9は遅れても悪気がないように見せるのが上手です。

待ち合わせ場所に迷いがち
ナンバー1　ナンバー2　ナンバー8　ナンバー9

なぜかナンバー1と2は地図があっても道に迷いやすく、結果的に遅刻することも多くなりがち。

遅刻しそうでも連絡をしない
ナンバー1　ナンバー5　ナンバー9

マイペースなナンバー1や、人間関係をさほど重視していない5と9は連絡する発想がありません。

相手に遅刻されると不機嫌になる
ナンバー5　ナンバー6　ナンバー9

ナンバー5と9は自分が遅刻しがちなのに待たされると不機嫌に。6は律儀なせいでイライラ。

遅れていても走らない
ナンバー2　ナンバー5　ナンバー9

おおらかなナンバー2や我が道を行く5は、めったなことでは焦らず、遅れても堂々としています。

遅刻しそうなときはマメに連絡する
ナンバー2　ナンバー6　ナンバー7

相手のことを気にするナンバー2や7、まじめな6は遅刻しそうとわかった時点で連絡します。

うっかり時間を間違えがち
ナンバー3　ナンバー4　ナンバー9

せっかちなナンバー3と9はきちんと確認せずに出かけてしまい、出先で間違いに気づくタイプ。

待っている間に変な人にからまれがち
ナンバー1　ナンバー4　ナンバー7

人当たりがよさそうに見えるナンバー4や、人目をひく1と7は、どこでもすぐ声をかけられます。

COMMON THINGS OF NINE NUMBER

習慣あるある①

#お風呂に入ったとき

お風呂では
手足から洗う
ナンバー3　ナンバー7　ナンバー8

ナンバー3、7、8はまず汗を流して体をきれいにしてから、ゆっくり頭を洗いたいタイプです。

お風呂では
頭から洗う
ナンバー1　ナンバー6　ナンバー9

ナンバー1、6、9は上から順番に体をきれいにしたいタイプなので、シャンプーからスタート！

お風呂が好きで
長く入っていたい
ナンバー1

水の属性があるナンバー1は水に触れているのが好きなので、長風呂になりやすいでしょう。

湯船はなんとなく
入る。時間があれば
しっかり入る
ナンバー2

ナンバー2はとくに湯船好きではないものの、時間があるときはしっかりつかりたいタイプです。

シャワーで
終わらせがち
ナンバー3　ナンバー4

なんでも時短ですませたいナンバー3と、あまりお風呂が好きではない4はシャワー派が多数。

朝風呂が好き
ナンバー6

几帳面でやや神経質なナンバー6は体臭や寝グセなどを気にして、朝風呂や朝シャンする人が多め。

お風呂には入浴剤を
必ず入れる
ナンバー5

ナンバー5は温泉が好きで、とくににごり湯が大好き。そのため入浴剤をいろいろ使いたがります。

お風呂は熱めが好き
ナンバー9

ナンバー9は火の属性があることから、熱めのお風呂やシャワー、サウナがお気に入りです。

COMMON THINGS OF NINE NUMBER

習慣あるある

#推し活するとき

一途にずっと推す
ナンバー2

辛抱強さもあるナンバー2は、よほどのことがなければ長年ずっと変わらず推し続けます。

箱推ししがち

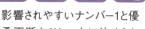

影響されやすいナンバー1と優柔不断な4は一人に決められず、結果として箱推しになりがち。

隠れファンになりがち
ナンバー**1** ナンバー**2** ナンバー**6** ナンバー**8**

ナンバー1と8は自分の好みなどをあまり表に出さず、ひっそりと推し活動にいそしむタイプ。

ビジュで選びがち
ナンバー**9**

見た目を重視するナンバー9は、とりあえずビジュアルで推しを決める傾向が強めです。

センターを推しがち
ナンバー**5** ナンバー**6**

ナンバー5は中心になる人が好き。6は王道が好き。ともに別の理由でセンター推しになります。

スターの原石を探すのが好き
ナンバー**3** ナンバー**7** ナンバー**9**

ナンバー3と7の先見の明はかなりのもので、原石を見つけて人気を得ていく様子を見守ります。

推しがどんどん増えがち
ナンバー**4** ナンバー**5** ナンバー**9**

気持ちが定まりにくいナンバー4や欲張りな5、移り気な9は好きな対象がどんどん増えがち。

推しグッズ集めがち
ナンバー**2** ナンバー**5** ナンバー**7**

所有欲の強いナンバー2、欲張りな5や収集癖のある7は、推しグッズをすぐ買ってしまいます。

推しが好きなのに皮肉を言いがち（落とし愛）
ナンバー**2** ナンバー**6** ナンバー**9**

とくに批判力のあるナンバー9は、好きだからこそあえて皮肉を言うようなところがあります。

聖地巡礼しがち
ナンバー**1** ナンバー**4** ナンバー**7** ナンバー**9**

流されやすいナンバー1と旅行好きな4、一途な7とミーハーな9は聖地巡礼が大好き！

COMMON THINGS OF NINE NUMBER

コミュニケーションあるある 編

人づきあいや感情表現もナンバーごとに違います。
相手をよ〜く見ていればナインナンバーがわかっちゃうかも!?

自分から あいさつする
ナンバー3 ナンバー4

朝に強いナンバー3と素直な4は、自分から積極的に相手に声をかけてあいさつします。

自分からは あいさつしない
ナンバー5 ナンバー6

ナンバー5と6は人からあいさつされたいタイプで、実は人に頭を下げたくないと思っています。

あまり あいさつしない
ナンバー2 ナンバー8

ナンバー2は基本的に受け身で、8は寡黙な人が多く、あいさつしてもぶっきらぼうになりがち。

あいさつに ひとこと加えがち
ナンバー7

考える前につい言葉が出てしまうナンバー7は、あいさつするときでもひとこと多くなりがち。

会釈だけする
ナンバー1 ナンバー6

ナンバー1は少々めんどくさがりで、6はあまり協調性がないため、会釈程度ですませます。

起床直後の テンションは低め
ナンバー1 ナンバー9

ナンバー1、9はとにかく朝が弱いので、テンションはどうしても低くなりがちです。

起床直後からテンション高め
ナンバー3 ナンバー4

朝に強いナンバー3と4は、起きてすぐにマックスのテンションになれて元気いっぱい！

COMMON THINGS OF NINE NUMBER

コミュニケーションあるある ❷

#恋愛をしたら…

障害があるほど恋愛に燃える
ナンバー5　ナンバー9

ナンバー5と9は相手に好きな人がいてもおかまいなしなので、略奪愛も多いほうでしょう。

つきあったらすぐに結婚の話をする
ナンバー2　ナンバー8

ナンバー2と8は結婚願望がかなり強めで、すぐ恋人との結婚生活をシミュレーションします。

沼恋にハマりやすい
ナンバー4　ナンバー5　ナンバー7

優しいナンバー4やモテる7は誘惑が多く、道ならぬ恋にハマる傾向が。

好意を寄せられると流れのままつきあいがち
ナンバー1　ナンバー3　ナンバー8

ナンバー1と3は流されやすいため、気がついたらつきあっていた、なんてこともありそう。

相手の職業・学歴・年収・家柄などを重視する
ナンバー6

ナンバー6は世間体をとても気にするので、性格だけでなく学歴や職業なども重視。

恋愛は相手に合わせる
ナンバー4　ナンバー7

ナンバー4、7は協調性が強くて、自分の気持ちよりも相手を優先しがちです。

好きな人ができるとすぐアタックする
ナンバー3　ナンバー6　ナンバー9

ナンバー3と9はスピード重視で、一度ターゲットが決まったらすぐ行動に移します。

幼なじみから恋人になることが多い
ナンバー2　ナンバー4　ナンバー8

ナンバー4はかなり早熟なので、学生時代に幼なじみとつきあい始めるケースがよくあります。

恋愛でマンネリ化しやすい
ナンバー5　ナンバー6　ナンバー8

ナンバー8は甘いムードが苦手で、6は恋愛が長続きする分、マンネリ化しやすいでしょう。

COMMON THINGS OF NINE NUMBER

コミュニケーションあるある編

#旅行するとき

綿密なスケジュールを組みたがる
ナンバー6　ナンバー8

完璧主義者のナンバー6と堅実な8は、きっちり予定を組んで、無駄なく動きたいタイプ。

スケジュールを前もって決めない
ナンバー1　ナンバー4　ナンバー9

ナンバー1は流れに任せて動きたいので、行ってからどうするのか決めることが多いでしょう。

あちこち観光したい
ナンバー4 **ナンバー9**

いろいろなことに興味があるナンバー4と、"映える"場所に行きたい9は意欲的に行動します。

集団で旅行しても別行動をしがち
ナンバー1 **ナンバー3** **ナンバー5**

人と足並みをそろえるのが苦手なナンバー5は、みんなと別れてひとりで行動しがちです。

おいしいものを食べることが最優先
ナンバー7

グルメなナンバー7はおいしいものさえあれば、ほかのことにはあまりこだわりません。

有名な観光スポットに行きたい
ナンバー2 **ナンバー6** **ナンバー8**

定番が好きなナンバー6と8は、有名で人気のある観光スポットは外せないと思うタイプです。

ひとり旅が好き
ナンバー1 **ナンバー3**

さっさと動きたいナンバー3とマイペースな1は、ひとり旅のほうが楽しめて満足度も高くなります。

ひとり旅が苦手
ナンバー2 **ナンバー4** **ナンバー9**

さびしがりやのナンバー2と9、友達と楽しさを共有したい4は、ひとり旅が苦手です。

リーズナブルなところに泊まりたい
ナンバー2 **ナンバー8**

ナンバー2も8も財布のひもはかたいので、できるだけ安く泊まろうとしっかりリサーチします。

ホテルでゆっくり過ごしたい
ナンバー8

のんびりやのナンバー8は移動しただけで満足し、あとはホテルのプールで過ごす、なんて人も！

COMMON THINGS OF NINE NUMBER

#怒ったとき

コミュニケーションあるある

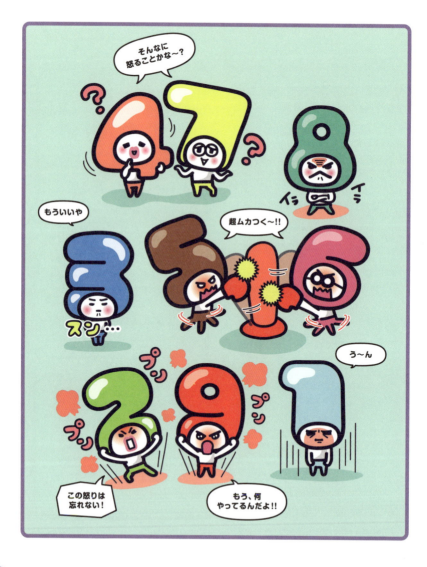

声を荒らげて怒りがち
`ナンバー5` `ナンバー6` `ナンバー9`

ナンバー5、6、9はカッとなると感情のコントロールができなくなって、大声で怒鳴り散らします。

不機嫌さが顔にダダもれ
`ナンバー5` `ナンバー8` `ナンバー9`

ナンバー5と9は感情的になりやすく怒ると仏頂面に。8はいつも機嫌が悪そうですが、より不機嫌に。

無口になる
`ナンバー1` `ナンバー4`

ナンバー1、4は怒ると黙ってしまうタイプなので、周りの人からは怒っているとは思われません。

あまり怒ることがない
`ナンバー4` `ナンバー7`

穏やかな性格のナンバー4と、社交的で人が大好きな7は、めったに怒ることがありません。

怒りがあまり持続しない
`ナンバー3` `ナンバー4` `ナンバー7` `ナンバー9`

ナンバー3、4、7は怒りをあまり引きずらず、忘れっぽい9は怒っていたこと自体すぐ忘れます。

自分を抑え込んで怒れない
`ナンバー1` `ナンバー7`

ナンバー1は怒りをためやすく、7は気を使いすぎるせいで怒りたくても怒れません。

物に当たりがち
`ナンバー3` `ナンバー5` `ナンバー6`

怒りが爆発しやすいナンバー5や、八つ当たりしがちな6は、怒りを物にぶつけることも。

ずっと根に持っている
`ナンバー2` `ナンバー5`

とにかくナンバー2は執念深いので、10年前の話を蒸し返していきなり怒り出すこともあります。

COMMON THINGS OF NINE NUMBER

コミュニケーションあるある

#ストレスがたまったとき

とりあえず誰かに
話して発散させたい

  ナンバー9

ナンバー9はストレスに弱いものの、人に聞いてもらうことでスッキリするタイプです。

誰にも相談せずに
自己完結する

ナンバー1、3は自分のペースを大切にするので、誰かに話すよりも自分でなんとかしようとします。

落ち込んでも すぐ立ち直る
ナンバー1 **ナンバー3** **ナンバー9**

ナンバー1はとことん泣いてスッキリするタイプ。3と9もあまり引きずらないタイプです。

ストレスで過食しがち
ナンバー4 **ナンバー5** **ナンバー7**

もともとナンバー4と7は食べることが大好きなので、ストレスがたまると食べすぎる傾向が大。

ストレスを買い物で 発散しがち
ナンバー5 **ナンバー7** **ナンバー9**

欲張りなナンバー5や浪費家の7と9は、好きなものを買ったり爆買いしたりして発散します。

ストレスはお酒で 解消しがち
ナンバー1 **ナンバー5** **ナンバー6**

お酒が好きなナンバー1、5、6は、ストレスを発散しようと飲みすぎることがあるので注意を。

胃腸の調子が 悪くなる
ナンバー2 **ナンバー4** **ナンバー6**

ナンバー2、4、6は胃腸にダメージが出やすく、とくに2はストレスで下痢になりやすいでしょう。

頭痛やめまいを 起こしやすい
ナンバー1 **ナンバー9**

神経系が弱いナンバー9と、もともと体の弱い1はストレスによる頭痛やめまいに悩まされがち。

メンタルが図太い
ナンバー1 **ナンバー3** **ナンバー8**

ナンバー8はメンタルがかなり強く、ストレスをあまり感じません。1と3もやや図太いタイプです。

COMMON THINGS OF NINE NUMBER

COLUMN

＼ナインナンバーでわかる！／
なんでもランキング②

めんどくさがりTOP3

ナンバー9は基本的に人に世話をしてもらいたいタイプ。しかも熱しやすいのに冷めやすく、興味のあることにしか動きません。ナンバー3はシンプルなのが一番で、必要なことだけすればいいと思っているため、それ以外のことになると雑になる傾向が。ナンバー5も9と同様に、人にやってもらう側のエネルギーが強いため、基本的に腰が重いタイプ。ただ、争い事にはすぐ首を突っ込みたがります。

倹約家TOP3

ナンバー2はやりくり上手で、買い物でもバーゲンセールや割引品が大好き。しかも物持ちがいいので、お金をあまり使いません。ナンバー8は何かにのめり込んでお金をかけるというタイプではないので、浪費することもほとんどないでしょう。高級志向のナンバー6は高い買い物をすることはあっても、いいものだけを選び、安物やこまごまとした買い物で無駄遣いすることがないので、メリハリのついた使い方ができます。

第4章

COMPATIBILITY &
USER'S GUIDE

ナインナンバーで占う相性とトリセツ

ナインナンバーでわかる相関図&相性ランキング

ナインナンバーの相性は的中率抜群！

　自分と相手のナインナンバーがわかれば、お互いの相性を判断できます。この判断のおもな基準となっているのが、12ページでご紹介した『木・火・土・金・水』の五行の関係性です。ごくごく簡単に言うと相性がいいのが「相生（そうしょう）」、あまりよくないのが「相剋（そうこく）」、よくも悪くもないのが「比和（ひわ）」ということになります。

　ですが、例えば相生の木と水は、水が木を育てるいい関係である半面、水が多すぎると木の根が腐ることもあります。つまり、単純に相生だから相性がいい、とは判断できません。

　そこでこの本では、五行の関係だけでなく、十二支などさまざまな要素を加味して相性を占っています。また相性が悪い場合でも、改善する可能性があるHAPPY行動を紹介していますのでぜひ参考にしてください。逆に、より悪化させてしまうNG行動をとらないよう注意しましょう！

※同じ五行は比和になる

ナンバー 3

\ さっぱりキャラの受け入れがカギ /

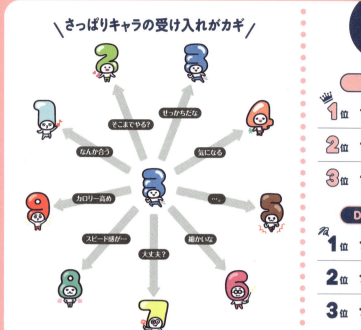

BEST
- 1位 ナンバー 9
- 2位 ナンバー 1
- 3位 ナンバー 4

DANGER
- 1位 ナンバー 6
- 2位 ナンバー 5
- 3位 ナンバー 2

ナンバー 4

\ コミュ力の高さで全方位外交 /

BEST
- 1位 ナンバー 1
- 2位 ナンバー 9
- 3位 ナンバー 3

DANGER
- 1位 ナンバー 6
- 2位 ナンバー 5
- 3位 ナンバー 8

あまり相性が
よくない相手でも
トリセツがわかれば
大丈夫なんです！

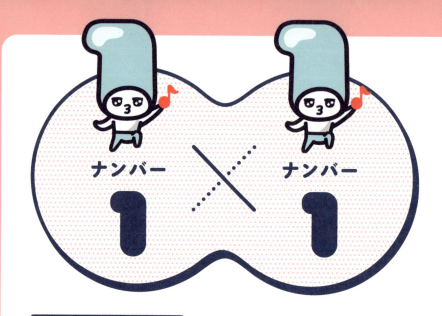

ペースを合わせれば相性はまずまず

　ナンバー1同士はともに水属性で、どちらもマイペースなため、相性はまずまずです。お互いのペースを合わせてもうまくいきますが、役割分担を決めてそれぞれマイペースで取り組んだ場合でも、しっかりと落ち着くところに落ち着きます。そのため、仕事相手としてはやりやすいほうでしょう。

　恋人同士の場合は別行動が多いうえに、会話がチグハグなことがあるので、周囲からは不思議なカップルと思われているかもしれません。ですが、当人同士はその曖昧な居心地のよさを重視していて、お互いに自分らしくいることでいい関係を保っているのです。

　その一方で、1の人は自分のことがよくわかっていないため、1同士のカップルは急に熱が冷めてしまったり、相手のことが気に入らなくなったりすることも。そしてお互いに本質的なことがわからないまま、いきなり別れてしまうこともありがちです。

トリセツポイント

お互いのペースを維持すると
バランスがとれて
落ち着いた関係を築けます

HAPPY行動

水のある場所に行くのがおすすめ

お互いのペースを乱さずに、淡々と物事を進めるとうまくいきやすくなります。また、会話がなくても気にせず、むしろ黙々としていたほうが結果も出やすいでしょう。また水属性同士なので、水族館や湖など水のある場所に出かけると、より親密になれます。もう少し仲を進展させたいと思ったら、相手を気にせず盛り上がれるフェスやライブなどもおすすめです。

NG行動

干渉しすぎは絶対にやめて！

ナンバー1同士の組み合わせはひとりの時間を確保できないと、バランスが崩れて関係が悪化しやすいので、干渉しすぎないことが大切です。

また、仕事は淡々とこなすものの、お互いにどこまで進んだかを確認しないため、問題が発生することもあります。どちらかが途中報告するよう心がけてください。とくに子年生まれの人はその傾向が強いので注意を！

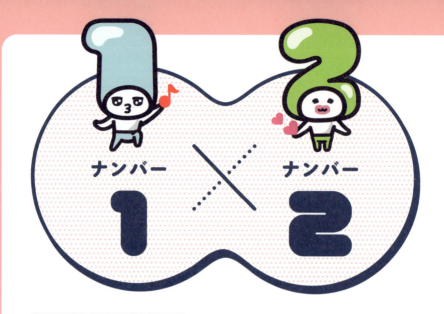

相性

♥♥♥♡♡♡♡♡♡

やや難しい関係でお互い苦労しがち

　ナンバー1と2は水と土の属性の組み合わせで、やや難しい関係性になり、どちらかと言えば2が苦労しがち。というのも1のほうが強く、2は振り回されやすいにもかかわらず、1のことを放っておけないからです。

　また、世話好きな2はひとりで気ままに過ごしたい1をかまうので、それがありがた迷惑になることも。しかも2は1のことをすべて把握したがるので、1はストレスに感じます。

　一方、変化を嫌う2にとって変幻自在な1は疲れる相手で、すれ違いが多くなりやすいのです。2が計画したデートを、1が気分でドタキャンしてケンカになることもあるので、デートの予定は1に合わせるほうがいいでしょう。

　また、それぞれの時間を過ごせる図書館や書店、映画館はいいデートスポットに。酉年の1と申年の2の相性は意外に悪くないのですが、別れると2が1を攻撃することも！

トリセツポイント

1はなにげないサポートに感謝を伝えましょう。2は少し自由さを心がけて

HAPPY行動

1は2に寄り添い、振り回さないこと

ナンバー1はつい集中しすぎていろいろスルーしがちで、どうしても2に気を使わせてしまいます。そのため、2の歩み寄りに気づかないこともあるでしょう。1は2にきちんと反応しつつ、2を振り回さないように心がけると、関係性が改善します。

また、仕事では2のサポート気質が発揮されて、積極的に声をかけるのでスムーズに進むでしょう。

NG行動

世話を焼きすぎる2に1がイライラ

ナンバー2は面倒見がいいせいで、束縛を嫌う1に何度も声をかけて、煙たがられてしまいがちです。そのため、2は1を適度に放っておいて、あまりしつこくしないことが大切です。

職場で1が上司の場合は、説明不足なところがあるのでややめんどくさいかも。2が1の気持ちを上手にくみとって、きちんと動けるかどうかがポイントになります。

ナンバー **1** × ナンバー **3**

相性

♥♥♥♥♥♥♥♡♡

自然体でいられる関係で相性抜群

　ナンバー1と3は水と木の組み合わせで、相性はかなりいいほうです。ただ、3はスピードが速く、1がややのんびりしている点がお互いのストレスになることも。とくに仕事で3が上司だと、1はスピードについていかなくてはならず、やや大変かもしれません。

　逆に1が上司の場合は、3にゴールだけ伝えておけば期日や目標を勝手に決めてグイグイ進めてくれるので、なんの心配もありません。

　恋愛では、3が1の色気に一目惚れしてつきあい始めることが多いでしょう。お互いに束縛を嫌うので、会わない時間が長くても大丈夫で、いつも自然体でいられるのでとても理想的なカップルといえます。

　ただ、1は異性にモテるうえに流されやすいので、3があまりに放っておくと誰かにとられかねません。関係を長続きさせたいなら、すぐに会える距離で過ごすことが大切です。

> **トリセツポイント**
> 自然体で過ごせる相性。スピード感のズレを理解して相手を尊重し合えばOK

HAPPY行動

お出かけは現地集合＆現地解散が◎！

　ナンバー1と3はそもそもスピードが合わないので、ゴールだけをきちんと決めてそれぞれのペースで行動したほうがうまくいきます。お出かけなら、待ち合わせ時間より早く到着している3と、遅れがちな1でケンカになりやすいので、現地集合＆現地解散が安心です。

　また、海や水族館に出かけると、距離がグッと縮まりやすくなります。

NG行動

1の気分屋な面に3がイライラ

　相手とのスピードが違うからと文句を言うのはやめましょう。言ったところで衝突するだけなので、「自分とはペースが違う」と認めることが大切。

　ナンバー1は例えばラーメン店に行く途中で急に「やっぱりパスタにしよう」と言い出すようなところがあり、3をイライラさせがち。できるだけ気分屋な面を抑えるようにすることが、いい関係を維持するためには必要です。

相性

相性は満点！仕事も恋もうまくいく

　ナンバー1と4は水と木というよい関係なうえに、二人ともこだわりや執着が少なく、流れに逆らわない柔軟なタイプなので、相性は満点の9点になります。

　仕事をうまく進めたいときは、期限だけ決めてしまえば、あとは曖昧なままでも結果が出ます。ただ、二人だけのプロジェクトだと楽しいだけで終わったり、脱線したりする傾向もあります。そのため、監視役の第三者が必要です。

　1が上司の場合は4が協調性を生かしてバランスをとるうえに、1が苦手なコミュニケーションを引き受けるので1は楽できます。逆に、優柔不断な4が上司だと1は振り回されます。

　恋人同士なら、特別なことをしなくても、ただ一緒に楽しく時間を過ごすことができるカップルになります。とくに4がリードするとうまくいきやすく、アクシデントにも慌てず対応できるはず。デートスポットは風を感じられる場所がおすすめです。

> **トリセツポイント**
> 1はストレートな言葉に注意。4は1のひとり時間を大切にする気持ちを理解して

HAPPY行動

居心地がよくケンカもしない

とにかく一緒にいると居心地がいいので、争いは起こりにくいでしょう。また、ナンバー4は1に協調性を持ってほしいと願うがゆえに、いろいろと声をかけます。1がそんな4に歩み寄れば、相性はよりよくなるでしょう。

また、いろいろ決めつけず、状況に応じて臨機応変かつ柔軟な対応をするのも重要なポイントです。そうすればおおらかに毎日を過ごせます。

NG行動

1のキツイ言葉で4が傷つく

ナンバー1は束縛されるのがとにかく大嫌いなので、4はあまりかまいすぎないこと。1はストレートな言葉で4を傷つけがちなので優しい言い方を心がけて。一方、4は傷ついても無理してガマンする傾向があるので1とすれ違い、別れてしまうことも。

仕事ではゼロから企画を立ち上げるのが苦手なコンビなので、テーマなどを決めてもらってください。

5の強いエネルギーで1がダウン

　ナンバー1と5は水と土の関係で、エネルギーの強い5が1にダメージを与えがちな組み合わせです。とくに曖昧を一切嫌う5は、白黒をハッキリつけたがるので、1の遠回しな表現が大の苦手。

　1が上司の場合、何に対してもいばる5は扱いにくい部下でしょう。そのため、「あなたのほうができるからお願い」というように、1が下手に出るとうまくいきます。

　反対に5が上司の場合、すぐイライラするので1は苦しくなります。そういうときは、5を立てつつ「この人、何かあるな」と思わせるのがうまくつきあうコツになります。

　恋愛では、ひとりでいるのが好きな1を5が縛ろうとするので、なかなかうまくいきません。しかも5は相手を完璧に把握したいのに、1は掴みどころがないのでついイライラ。デートも5がリードしたほうがいいものの、趣味が合わないので一緒に楽しめることが少ないでしょう。

トリセツポイント

主導権は5に任せたほうがうまくいきますが、強引にはしないで。1は意思をハッキリ伝えて

HAPPY行動

5にはシンプルに対応すると吉

ナンバー5は結論を先に欲しいタイプなので、1はシンプルに対応することを心がけたほうがうまくいきます。曖昧でいたい1にとってはやや苦手なことなのですが、簡潔に短い言葉で伝えるようにすると物事がスムーズに進みます。

このカップルがいい恋愛をしたいと思っているのなら、1が5の要求に合わせることが大切です。

NG行動

1が逃げ出すので追うのはNG

ナンバー5は形を欲しがるタイプですが、1をあえて追わないこと。というのも、掴んだと思ったら溶けてなくなってしまう氷のように、1はつかまえようとすると逃げ出してしまうからです。

一方、1は5の支配力によってほかの人とのつきあいが悪くなることもあるでしょう。支配されないようにするには、つきあい始めのうちにしっかり線引きをすることが大切です。

相性

♥♥♥♥♥♥♡♡♡

6が1をうまく引き上げてくれる

　ナンバー1と6は水と金の組み合わせで、1は6に縛られやすく、1にとってはやや苦しいものの、相性はまずまず。1は曖昧な半面、決められたことはやりたい芯の強さがあり、正義感あふれる6が上手にサポートしてくれます。さらに、6は1の考えに付加価値を与え、持ち上げるので、1の格も上がります。

　仕事でも1にとって6の上司は、言われたとおりにやればいいので楽なうえ、1のことを理解してひっぱり上げてくれるベストな上司です。1が上司の場合は6にできるだけ詳細な指示をしましょう。6は過程を重要視するのでうまくいきます。

　カップルの場合は、6のまじめさがやや堅苦しいものの、気ままな1を6がうまくリードし、一緒にいると居心地のよさを感じられるでしょう。デートも歴史や神聖さを感じられるような、6の好きな場所がおすすめです！

> **トリセツポイント**
> 6がリードすると
> うまくいきやすい関係。
> 1はときどき適度な距離を
> おくのもコツです

HAPPY行動

感謝と尊敬の気持ちがあればGOOD

ナンバー6がリードする関係性です。1は6に「頼りになる」など感謝を伝え、6は1の柔軟な対応力をリスペクトする気持ちを大切に。6に振り回されそうな場合、1は「はい」と言いつつ適度な距離をおくのもコツです。

お出かけも6の好きな場所に出かけると絆が深まりますが、全部6に合わせると1もストレスがたまるので、ときには自分の好きなことをして発散を。

NG行動

マイルールを押しつけないように

影響されやすいナンバー1は悪い6につかまると、よくないほうにひっぱられてしまいがちな点が心配です。例えば6のパワハラ上司につくと、自分も後輩に同様のことをしてしまう場合も。自分に甘く他人に厳しい6と同じことをしていると、後々痛い目にあうおそれがあるので要注意。

また、6は箸使いなど細かいところでマイルールを押しつける傾向が。そのままだと1に愛想を尽かされてしまいます。

相性

♥♥♥♥♥♥♥♥♥♡

7が上手に合わせるので相性は抜群!

　ナンバー1と7は水と金の組み合わせで、とてもいい相性です。気遣いが絶妙で空気も上手に読む7が、1の微妙な変化に合わせてくれるおかげです。一方、7が遊び人だと、染まりやすい1は引きずられがちに。ですが陽気になって人気を集め、相手を喜ばせるコミュニケーション能力はアップします。

　仕事では1が上司の場合、7はうまく空気を読んで意図をくみとり周りに説明するので、頼りになる部下としてありがたがられます。一方、7は部下を育てるのが得意なので、1はのびのびと自分らしく仕事ができるでしょう。

　恋愛では、相手に合わせるのが得意な7と、気ままな1はいい関係を築けます。デートプランはつきあい上手で相手を楽しませるのが得意な7に任せれば安心です。おしゃれなバーや渓流近くでのキャンプや釣りなど、水に関係したスポットなら1も大満足!

> **トリセツポイント**
> お互い幸せを感じられる関係。1は7に甘えすぎず、7は1への口出しは控えめに

HAPPY行動

1は気にかけてくれる7に感謝を

　ナンバー1は7とよく話すようにすると、手取り足取り教えてもらえて、物事がスムーズに進みます。そんな7に甘えすぎず、感謝の気持ちを伝えることが大切です。一方、7は記念日などにサプライズを仕掛けると、普段は反応の薄い1も喜んでくれるはず。また、1に楽しいことをすすめるのもいいのですが、興味がないとわかったらすぐ引くことが肝心です。

NG行動

7は口出ししすぎると嫌われる

　ナンバー1は7が世話を焼いてくれても、あまり喜びを表さないので、相手に喜んでほしい7の気持ちは冷める一方。また、気ままな1は7を放っておくことも多く、そのままだと破局してしまうので、1は日頃から7への感謝を言葉にして伝え、適度にかまってあげましょう。
　また、1は冷たいものやお酒を禁止されると機嫌を損ねるので、7は気になっても口出ししすぎないように注意してください。

相性

考えていることがわかりにくい二人

　ナンバー1と8は水と土の関係で相性はあまりよくありません。テンションのアップダウンにズレがあり、タイミングが合いにくい組み合わせです。

　また、ともに感情表現が乏しいのでなかなかお互いを理解できず、とくに1は8の堅物さを居心地悪く感じてしまい、振り回されやすくもなります。

　仕事では1が上司だと、表情が読みにくくてやりにくいため、8は言うことを聞かなくなる傾向が強まります。逆に8が上司の場合は1につっかかるので、めんどくさいと思われがち。

　もしこの組み合わせのカップルがいたらレアケースです。ただ、8は身内を大事にするので、1が幼なじみや同郷といった関係だったり、1にベタ惚れしたりすると長続きすることも。デートは1に合わせてプランを考えたほうがよく、流行しているおしゃれな店や、高級なバーなどに行くと1も満足してくれるはず！

> トリセツポイント
> 1はマイペースを保ちつつ8とコミュニケーションをとって理解するとうまくいきます

HAPPY行動

1が努力して歩み寄れば関係が良好に

ズレやすいタイミングを合わせるためには、コミュニケーションをしっかりとることが大切です。ナンバー1が8のことを理解するように意識し、何が好きかのデータをたくさん持っておいたほうが関係は良好になります。

逆に、1は8に染められてしまうと自分らしさを失ってしまうので注意して。一方、8が1を把握するのは困難なので、相手に任せましょう！

NG行動

ややドライな関係がちょうどいい

ナンバー8から無理にコミュニケーションをとろうとしても、1の気分によっては拒絶されることも。さじ加減が難しいので、ドライな関係をキープしたほうが問題も起きにくいでしょう。

また、1の気分が変わりやすいところを指摘すると嫌われるので自重して。一方、1は不満をため込みすぎると関係が悪化して、カップルは急に破局を迎えがちなので気をつけて。

相性

♥♡♡♡♡♡♡♡♡♡

お互いに努力が必要な組み合わせ

　ナンバー1と9は水と火という、正反対の属性になり、かまってほしい9と人に興味がない1の組み合わせなので、相性はよくありません。

　とくに9は変化をわかってほしくて、髪形や服装を変えて、さりげなく近づいてアピールします。ところが、1はどうでもいいと思っていて、リアクションを返すのもめんどくさいのです。もし9と仲よくなりたいなら、きちんとリアクションをしてあげないと、繊細な9は落ち込んで関係は破綻します。

　仕事でも9が上司だと、1はかわす技術が必要になり、やはり難しい関係になってしまうでしょう。ただ、逆に1が上司の場合は、優秀な9が自由に仕事を回してグングン成果を上げるので、いい関係を築けます。

　カップルならデートは1がリードしつつ、火を使うバーベキューや鍋料理、焼き肉など9の好きなものを食べに行くと、お互いに楽しく過ごせます。

トリセツポイント

かまってほしい9と ひとりで過ごしたい1。 正反対だと理解して つきあいましょう

HAPPY行動

上手なお誘いと気遣いがポイント

ナンバー1が9の好みに合わせて行動すると問題が起きにくいのですが、9はこだわりが強いので、素直に言うことを聞かないこともあるでしょう。そんなとき1は「流行の人気スポットに行かない?」といった9の好きそうなことに誘うと素直に喜ばれます。

一方、9は1の体調を気遣うような発言や行動をしてあげるとグッと距離が近づきます。

NG行動

9はかまいすぎ、1は過度な反応が×

ナンバー9は1に対してかまいすぎないことが大事です。かまうとしても自分が思っている10%程度で十分。もしフルでかまうと、お互いにメンタルがダウンしてしまいます。また、1が9と仲よくなりたいと思ってリアクションをしてあげるのはいいのですが、大げさにやりすぎると9が「もっともっと!」と求めてくるので、適当なところで切り上げることが大切です。

相性

相性は普通。穏やかな二人で長続きする

　ナンバー2同士は土の組み合わせで、相性はよくも悪くもありませんが、性格は穏やかなので、一緒にいて苦になるようなことはないでしょう。

　仕事では自分が部下の場合、同じ2の上司の動きがよく読めるので、上手にサポートできるでしょう。また、普段はリーダーとして働くのはあまり得意ではないタイプですが、部下も2なら楽な関係を築けます。

　恋人同士になったら、すべての組み合わせの中で、最もまったりしたカップルといえるかも。とくにお互い家でのんびり過ごしたいので、おうちデートが多くなりがちです。外に出るとしても二人とも変化が苦手なので、いつも決まったところに出かけることになりがちでしょう。

　その一方で、2の人は記念日を大切にするため、誕生日などには持ち前の思いやりを発揮して、イベントをしなくてはと張り切ります。

> トリセツポイント
> お互いが似ているからこそ長所をほめて。適度な距離感も重要です

HAPPY行動

具体的な行動をほめるとGOOD

お互いに得意なことが似ているので、そこをほめてあげるとより関係がよくなります。そのとき、より具体的にほめる箇所を伝えるといいでしょう。例えば料理上手な相手なら、「手際がいいね」「盛りつけも上手」といった言葉をかけてあげると、自分をちゃんとわかってくれていると喜ばれ、自分のよき理解者として一目置かれるようになります。

NG行動

かまいすぎるとギクシャクしがち

似た者同士の組み合わせなので、相手をかまいすぎてしまうと、かえって気を使うことになってギクシャクします。また、当たり前ですが自分がされてイヤなことはしないこと。

そして相手が記念日のイベントなどを準備している際に協力を怠ると、「なんで手伝ってくれないの?」と不満をもらしてしまうこともあるので気をつけましょう。

なにかとすれ違う面倒な組み合わせ

　ナンバー2と3は土と木の関係で、かなり面倒な組み合わせです。なぜなら、ゆったりしたい2とせっかちな3はスピード感がまるで違うので、すれ違いが多くなってしまうのです。

　仕事では3が上司なら、サポート気質が強い2はフォローもケアもバッチリできます。3も細かく指示をせず2に任せ、絶対の信頼を寄せるでしょう。ただ、2はどんどん仕事が増えて、キャパオーバーぎみになることも。

　一方、2が上司で3が部下だと、3の早さに戸惑います。しかも3が同じ失敗を繰り返しがちなので、2が責任を押しつけられる可能性が。逆に3は2のペースの遅さにイライラすることもありそう。

　カップルになると、2はすぐ結婚を考えますが、3は仕事や趣味を優先するタイプ。そのため、2は不信感を抱き、3は窮屈に感じるので、やはりすれ違ってしまいがちです。

トリセツポイント

スピードと性格が違う二人。2は無理して合わせないこと。3はサポートされることに感謝を

HAPPY行動

お出かけは折衷案がおすすめ

ナンバー3は目的を持って出かけたいタイプなので、おうち時間を好む2とは正反対。なので、二人で満足したいなら家で映画を見たり、ゲームやDIYをしたりするのがおすすめです。そのとき、3は自分のペースで進めたがりますが、2はあえて3についていこうとしなくてOK。お互いに不満をためないように無理をしないことが大切です。

NG行動

3は束縛や押しつけがストレスに

ナンバー2は3を束縛したがりますが、自由さを奪ってしまうと3はストレスに感じてしまいます。3は押しつけられるのも大嫌いなので、2は何かを依頼する際、「こうするとよくない?」など、提案するような言い方にすると聞き入れられやすいでしょう。

一方、3も2のサポート気質にきちんと感謝しましょう。それが関係を長続きさせるポイントです。

相性

実は正反対の二人で相性はイマイチ

　ナンバー2と4は土と木の関係で、一見相性がよさそうに思えます。ですが、変化を嫌い、ひとつの場所でじっと落ち着いていたい2と、風のようにあちこち飛んでいってしまう4は、正反対の性質をしているので、相性はあまりよくありません。

　それでも2から4は、比較的話がしやすい関係です。仕事で4が上司なら、気遣いのできる2はとても頼れる部下になり、作業がスムーズに回るようになるでしょう。

　反対に、2が上司だと部下の4を振り回す関係になってしまいます。2が進めていた仕事や紹介した人脈を覆して、作業が急にストップしてしまう、なんてことにもなりかねません。

　カップルになったとしても、早く結婚して落ち着きたい2と、結婚しても家庭に縛られたくない4は、どうしてもぶつかりやすい傾向が。お互いが納得できるよう話し合いましょう。

> **トリセツポイント**
> お互いに長所をほめながら
> 譲り合うことが
> うまくいくコツです

HAPPY行動

お互いにほめ合って譲り合う

ナンバー2はほめ上手なので、4に「いつもおしゃれだね」「人当たりがいい!」といった言葉をかけてあげると、4はいい気分になって2への印象もグッとよくなります。また、4も2の優しさや家庭的なところを評価してあげると喜ばれて、関係が良好に。

恋愛なら、休日は3回に1回は外に出かけるようにするなど、お互いに譲り合うことも大切です。

NG行動

2は相手の束縛と油断をしないこと

相手を束縛したいナンバー2はいろいろ詮索したがり、4はイライラしっぱなしに。また、2は恋人ができると安心して体形が崩れたり外見に気を使わなくなったりする傾向が大。トレンドを追うのが好きな4はその姿に幻滅してしまうので、2は気を使わないといけません。ただし、4は2の外見を指摘すると険悪になるので、言いたくてもガマンを!

相性

長いつきあいになることが多い二人

　ナンバー2と5は土同士の関係なので、相性はまあまあいいほうです。とくに5は世話をされるのが好きなので、2が束縛したがっても気にしません。また、サポート気質の2と、血気盛んでやや幼いところがある5は、性格的にもかなりマッチします。

　仕事で5が上司だと、2は無茶ぶりされることもありますがきちんと対応でき、リズムも合わせやすいのでとても仕事をしやすいでしょう。

　逆に2が上司の場合は、部下の5が上司をややなめてかかり、言うことを聞いてくれないという傾向があります。そのため、2は最初に威厳を見せておくことが大切です。

　恋愛でカップルになった後は、楽しくデートを重ね、長いつきあいになることが多いでしょう。2がおとなしいせいで5はもの足りなく、浮気をすることもありますが、2が許してくれて破局に至りにくい組み合わせです。

> **トリセツポイント**
> リズムは意外と合う組み合わせ。一緒の時間を増やすと関係性が深まります

HAPPY行動

おうちで一緒にまったり過ごそう

　二人ともまったり過ごすのが好きなので、おうち時間でも十分に楽しく過ごせます。さらに、一緒にアクション映画やホラー映画を見たり、ゲームで勝負したりして、ドキドキしながら何かに打ち込む時間を共有すると、より関係が深まるでしょう。

　さらに、ナンバー5は2から頼られるとうれしくなり、2は5に家庭的なところをほめられると喜びます。

NG行動

お金の貸し借りは避けたほうがいい

　ナンバー2は恋人ができると安心して、相手の世話を焼かなくなったり、所帯じみたりしがち。すると5は離れてしまうので気をつけましょう。一方、5は2の地味なところを指摘すると嫌われます。

　また、浪費グセのある5にお金を貸すと後々トラブルになるので、頼まれても断ること。それで関係がダメになるなら、それまでと割り切って。

相性

♥♥♥♥♥♥♥♡♡

お互いに欠点を補えるいい組み合わせ

　ナンバー2と6は土と金の関係で、相性はかなりいいです。厳格な6に対し、2は包容力があるため、お互いに欠点を補えるバランスのいい組み合わせといえるでしょう。とくに戌年の6と寅年の2の相性は最高!

　6は正義感が強く、正しさを重視するので、2は足並みをそろえるだけでOK。そのため、6が上司ならとても良好な関係が築けます。ただ6はルールに厳しいので、2がルーズだとイライラしてしまいます。

　一方、2が上司でも6は意見をきちんと聞いてくれる部下で、しかも正しいことを言ってくるので頼りがいがあり、やはりいい関係になります。

　もちろんカップルでも相性は抜群で、2が6をうまくコントロールします。ただ、つきあい始めると二人とも家庭的になりすぎる傾向が強く、お互いを異性として見られなくなるとうまくいかなくなるので注意を!

> トリセツポイント
> 基本的に相性はバッチリ!
> 2はルーズさに気をつけて。
> 6は厳しくしすぎないように

HAPPY行動

身なりに気をつけて相手を立てる

カップルはドキドキできる関係性を続けることが大事なので、ナンバー2も6も身なりには気を使うようにしましょう。また、6は正しさを認められ、頼られたいと思っているので、2は困ったときは頼り、ことあるごとに「あなたが正しい」と言ってあげて。また、2はサポート役としての頑張りが目立ちにくいので、6が感謝の気持ちを伝えると喜ばれます。

NG行動

相手に気を配らないと衝突しがち

論理的なナンバー6が駄々をこねると、2はつい反発したくなり、激しい口論になりがち。そういうときは2がさりげなく寄り添ってあげないと、険悪なムードを引きずります。6はあまり厳しくしすぎないようにも気をつけて。

また、おうちデートばかりだと、6はフラストレーションをためてしまうので、ときどきは6の行きたい場所にお出かけしましょう。

相性

タイプの違う世話焼き同士で相性抜群

　ナンバー2と7は土と金の関係になるので、相性はかなりよく、お互いに世話焼きな点も似ています。家事や生活の面で世話を焼きたいサポート気質の2に対し、7は外見や対外的な世話を焼きたいおもてなし気質で、無理せず補い合える組み合わせです。

　仕事では7が上司の場合、楽しく仕事ができるでしょう。2は7からいろいろ気づきや発想をもらえて、学ぶことの多い関係になります。

　逆に2が上司の場合は、7が必要以上に前に出ないよう意識したほうがいいでしょう。というのも、7は「もっとやりましょう！」と頑張りすぎて、2が疲れてしまうからです。

　恋人同士になってもお互いを高め合うので、お似合いの二人と周囲からうらやましがられるはず。ただ、7に触発されて人づきあいがうまくなり、おしゃれになった2がうっかり浮気をしてしまうこともあるので注意が必要です。

> **トリセツポイント**
> お互いを上手に補い合う
> 相性抜群の二人。
> 気を使いすぎて疲れないで

HAPPY行動

二人のときはリラックスして

普段から気を使ってばかりの二人。せめて二人で行動するときくらいは、気を使わずにリラックスするよう心がけると、より仲が深まります。基本的にナンバー7は張り切ってしまって疲れがちなので、たまには2に頼ってみて。例えば、家庭的な2は記念日を大切にするので、そういう日のプランは7に任せると、素敵な思い出がつくれるでしょう。

NG行動

お互いに干渉しすぎて反発しがち

二人とも相手に合わせようとして、お互いに疲れてしまうことがあるので、たまには自分のことも大切にしてあげましょう。また、ナンバー2は7の華やかな交友関係が原因で問題が起きないか心配になり、つい口を出してしまいますが、7は余計なお世話と反発しがち。逆に7も、2の地味なところを指摘して反発されやすいので、あまり干渉しすぎないで。

相性の良し悪しを判断しにくい二人

　ナンバー2と8は土同士の関係で、相性のいいパターンと、悪いパターンのギャップが激しいでしょう。8は頑固で気まぐれなところがあるのですが、基本的な価値観が合えば相性は抜群になり、関係も長続きします。逆に価値観が合わないと相性は最悪に。とくに寅年の8は2に束縛されすぎて個性を失う傾向も大。

　仕事では2が上司でも部下でも、8に振り回されます。しかも8は表情が読みにくいうえにコミュニケーションが苦手。2は8が何を考えているのかを行動で判断するしかありません。

　カップルは安定したおつきあいができ、似た者同士なので衝突もあまりしません。どちらもおうちデートが好きなので、ゲームやDIYなど目的を決めておくと、楽しく過ごせます。ただ、お互い恋愛＝結婚と考える人が多く、結婚や子育ての価値観がずれるとうまくいかないことも。

> **トリセツポイント**
> 似た者同士の組み合わせ。価値観で相性が決まるのでコミュニケーションを大切に

HAPPY行動

目標を決めた交際のほうがうまくいく

基本的にまじめなタイプ同士なので、目標をしっかり定めれば、きちんと達成できます。また、カップルの場合は恋愛だけでつきあうよりも、結婚を前提にしたおつきあいをするほうが、相性がより良好になります。できればつきあい始めのうちに、将来どんな家庭を築いていきたいかや子育て、親やお金についてしっかり話し合っておきましょう。

NG行動

連絡がおろそかになりがち

コミュニケーションをとりにくいからといって、すり合わせをしないと、北海道に行く予定が途中でいきなり沖縄に変更になっていた、なんてことにもなりかねません。そのため、必要なやりとりは忘れずに。また、たとえ価値観や意見が合わなくてもすぐにあきらめず、ときには相手に妥協することを選択肢に入れると、改善策が見つかることもあります。

相性

相性は9点満点のとても良好な間柄

　ナンバー2と9は土と火の関係となり相性は抜群です。面倒見のいい2と、自分だけをかまってほしい9という、バランスのいい組み合わせになります。2は人のことをよく見ていて、9の小さな変化にもすぐ気づいて世話をするので、9はうれしくてしかたありません。

　仕事においては、2が部下だと目立つ9の上司を話題にして、コミュニケーションがとれるようになるでしょう。仕事の新しいやり方も、要領よく身につけていきます。

　2が上司で9が部下だと、9の影響で2の雰囲気や見栄えがよくなり、2の評判もうなぎ上りに。9の強引さに目をつぶり、周囲とのバランスに気をつければ、いい方向に進みます。

　カップルの場合も良好な関係を築けますが、やや親子のようになりがちなので、お互いに意識し続けるよう工夫が必要です。

> **トリセツポイント**
> 2は9の強引さに振り回されないで。9は2の要領のよさをほめると吉

HAPPY行動

定番好きな2に合わせたほうが◎

ナンバー9は相手に自分のセンスを取り入れてほしいタイプ。普段は変化を好まない2も、小物や服の色などに9の好みを反映させていくと、関係がより良好に。また、お出かけは9が定番好きな2に合わせたほうがいいでしょう。カップルは初デートの場所を定期的に訪れると、つきあい始めの頃の気持ちを思い出し、また恋心が燃え上がるきっかけに!

NG行動

同じことの繰り返しに注意

新しいもの好きでトレンドを追うナンバー9と、定番好きでややおしゃれに無頓着な2。同じことばかりで9が飽きてしまわないような工夫をすることが、2にとっては大切です。

9は一時的な感情で怒ったり、浮気をしたりすることもあるので、2は振り回されてしまわないよう注意してください。また、おしゃれに気を配ることも忘れずに。

相性

♥♥♥♥♥♡♡♡♡

生活リズムが合えば相性抜群に

ナンバー3同士は木の属性で、スピーディーで行動力のある組み合わせです。生活リズムが合っていれば相性はいいのですが、そうでないとイマイチになることも。さらに束縛されるのが嫌いで、お互いあまり干渉しないため、あっさりとした関係になりがちです。

仕事はテンポよく進めることが大切ですが、フットワークの軽い部下にとってはお手のもの。上司に「はい」「やっておきました」と言っておけばなんとかなります。逆に上司は部下が自分と似ているので、ひいきしてくれることもありますが、手を抜くことが続くと叱られます。

また、カップルになっても自分の好きなことに没頭しがちなので、一緒に過ごすことが少なくなり、どうしてもすれ違いやすくなるでしょう。

なお、戌年の3は必要以上に慎重で行動力が失われる傾向があります。つねに挑戦しようという気持ちを大切にしましょう。

> トリセツポイント
>
> 相性がよくも悪くもなる間柄。すれ違いにならないよう生活リズムを合わせるとGOOD！

HAPPY行動

起きる時間と寝る時間を合わせる

　起床と就寝の時間が合うと相性がグッとよくなるので、相手の時間を聞いて合わせてみて。また、ナンバー3は少年少女のような無邪気なところがあるので、お出かけは遊園地やテーマパークなど、子どもが喜ぶようなスポットに行くと、思いきりはしゃげます。ラッキーカラーがブルーなので水との相性もよく、海や湖、水族館などもおすすめ！

NG行動

嫉妬心を見せられると一気に冷める

　とくに女性は嫉妬心から相手の生活に立ち入ってしまうことが多いのですが、相手はそれを少しでも感じると、気持ちが急降下。また、ナンバー3は目的に向かって突き進みたいタイプなので、やり方に文句をつけたり、行動を制限したりするとイヤがられます。間違ったことを正したいときも、やんわりと別の方法に誘導するといいでしょう。

相性

♥♥♥♥♥♥♡♡♡

ともにスピーディーで相性も良好

　ナンバー3と4は木同士で、雷と風のイメージを持っている組み合わせ。そのため、二人ともスピード感があり、相性はいいほうです。やや3のほうが早いので、優柔不断ぎみな4がついていくとうまくいきます。

　また、3はひとりで突っ走るせいで助けを得られにくいのですが、協調性抜群の4と関わることで、味方をつくれるようになります。

　仕事では3が上司だと4が人間関係を上手に緩和します。逆にバランス感覚の優れた4が上司だと、急ぎすぎる3をうまくコントロールしてスピードを調整してくれるでしょう。

　この二人がつきあい始めると、仕事も私生活も順調に進むようになり、人がうらやむほど絶好調な状態に。ただ、4は3のやり方に合わせてばかりだとストレスがたまってしまうので、3が適度に意見を聞いてあげることが大切です。

> **トリセツポイント**
> 一緒になると順調に進む関係性。3は4の優柔不断さを許し、4は論理的に責めないように

HAPPY行動

3が主導権を握り4をひっぱる

ナンバー3は決断力があって相手をひっぱるのが得意。3が主導権を握ると4はひっぱってもらえてラッキーと思い、喜んでついてくるので、Win-Winの関係に。お出かけするなら3と4の両方に相性がいい水のある場所がよく、イチオシは3が大好きな海です。さらに、3の方位である東を向いた海岸で、朝日を一緒に浴びると運気がグッとアップします。

NG行動

リズムが合わなくなると相性も悪化

ナンバー3が4の優柔不断さを指摘すると、4はひどく傷つくか、もしくは逆ギレすることも。また、3は4の交友関係にも口を出したがるのですが、4にしたら余計なお世話でしかなく、関係が険悪に。逆に、4も3を論理的に責めてしまうと、3がムッとしてしまいます。二人のリズムが合わなくなることも、関係悪化の原因になるので気をつけましょう。

相性

♥♥♡♡♡♡♡♡♡

主導権を握りたくて衝突しがち

　ナンバー3と5は木と高温の土（マグマ）の関係で、スピード感が合わないうえに、どちらも主導権を譲ろうとしないため衝突しがち。相性もよくありません。ただ、3と5が似た者同士だったり、やりたいことが一致していたりすると、相性抜群になる不思議な組み合わせでもあります。

　仕事だと5が上司の場合、部下を完全にコントロールしたがりますが、3はイヤがります。一方、3が上司だと5は反発し、自分のやり方でやろうとします。また、5は3のミスを待ち、ミスをすると「ほら〜」と指摘し、上をどう蹴落とすかを考えながら突き進むようなところもあるでしょう。

　無事カップルになったとしても、束縛されるのを嫌う3は、おせっかいな5のことを面倒な相手と思っている節があります。気持ちのタイミングもずれてしまい、なかなか距離が縮まりにくい関係性です。

> **トリセツポイント**
> どちらも主導権を握りたいタイプ。3はせっかちさを少し緩めて、5は管理したい気持ちを抑えて

HAPPY行動

お互いの予定をカレンダーに書く

　生活リズムがなかなか合わない二人なので、カレンダーにお互いの予定を書き込むようにしてみましょう。すると、スムーズにコミュニケーションをとれるようになって、足並みもそろいます。また、相手を知り尽くしたいと願うナンバー5にとっても、いいアイデアといえるでしょう。お出かけは子どもっぽい3と、スリル好きな5が両方楽しめる遊園地がおすすめ!

NG行動

マイルールを貫く5に3はイライラ

　我が道を行くナンバー5は、出かける前の準備にじっくり時間をかけます。それがせっかちな3にとってはイライラする原因に。5が3のスピードについていければうまくいきますが、5にはその気がありません。また、3は自分の行動をじゃまされるのが大嫌いですが、相手を支配したい5がちょっかいを出してくるので、どうしてもケンカになりがちです。

相性

どうしても衝突してしまう関係に

　ナンバー3と6は木と金の関係で、6はよく切れる刀のようなイメージがあり、正論で相手を切り捨てるような強いパワーの持ち主です。3にとっては天敵とも言うべき「やっかいな相手」。3も6と同じで自我が強く、どうしてもぶつかってしまい、その結果、6の攻撃を受け続けて弱ります。

　また、結果主義の6はミスを嫌って入念に準備をし、理詰めで物事を進めるため、「やってみないとわからない」は通用しません。3が「一回やってみよう」と言っても却下されます。そのように、まずは動きたい3は動きを封じられるのでストレスに。

　3が上司の場合、細かくかつ明確に目標を設定しないと6はついていきません。6が上司だと3はプロジェクトから急に外されるなど、バッサリ切られることもあります。

　カップルの場合もやはり、穏やかな関係を続けるのは難しいでしょう。

> **トリセツポイント**
> わかり合うのが難しい二人。3は「とりあえず」を控えて、6は言いたいことも少しガマン

HAPPY行動

お出かけは6が好きな高級店で

ナンバー3は適度に6のお説教を受け流すと、関係がよくなります。一方、6は自分の意見を押しつけないようにして、自由に動く3を遠くから見守ると衝突を避けられます。

お店選びでは高級志向の6に合わせて、高級店での食事がおすすめ。また、オーガニック野菜やジビエ料理など、こだわりの強いお店も6の満足度が高くなるでしょう。

NG行動

いきあたりばったり&小言は抑えめに

論理的なナンバー6は、先を考えず行動する3にケチをつけたがりますが、3はじゃまされたり、文句を言われたりするのが大嫌い。そのままでは関係が悪化しかねないので、6は文句を言うのをグッとガマンして。

また、3は6に対していきあたりばったりではないことを伝える必要があるので、「とりあえず」という言葉を使うのはNGです。

相性

♥♥♥♥♡♡♡♡♡

前提を覆し相性が抜群になることも

　ナンバー3と7は木と金の関係で、本来の相性はイマイチなのですが、3が7の色気やよさに気づいて惚れ込むと、大化けする組み合わせです。とくに7の世話好きで器用なところが、ややぶっきらぼうな3に響きやすく、実際つきあうとラブラブカップルになる可能性を秘めています。ただ、7の上手な説得によって、3のよさが失われることもあります。

　整えるという習性がある7が上司だと、段取りをきちんと組んでくれて、部下は流れに逆らわずに進めばいいので楽に仕事ができます。3が暴走しても上手に諭しながら、ときにビシッとたしなめることもできます。

　反対に3が上司だと趣味やプライベートの話で盛り上がって楽しいのですが、脱線しがちで仕事が遅れぎみに。会議の前半が全部余談なんてことにならないよう、オンオフをしっかり分ける意識を持ちましょう。

> **トリセツポイント**
> 3はうまくのせれば力を発揮。
> 7をよりご機嫌にするには
> 世話好きなところをほめてみて！

HAPPY行動

7が3の好みに合わせるのが得策

ナンバー3は7の世話好きなところを素直にほめてあげましょう。柔軟性のある7は自分の気持ちを少し抑えて3の好みに合わせることが、より関係を良好にする秘訣です。

お出かけするなら、3の好きな海辺がイチオシ。お祭りや期間限定のイベントなど、いつもと違う状況を楽しめる日を選べば、サプライズ好きな7も満足できるはず！

NG行動

サプライズに無関心ではダメ

ナンバー7はサプライズで人を喜ばせたいタイプなので、無反応だったり文句を言われたりするとガッカリして落ち込みます。ドライな3にとっては「ちょっとやりすぎでは？」と思うことがあるかもしれませんが、一緒に楽しんであげないと、7の気持ちが離れていってしまうかも。余計なことは考えずに、素直にサプライズにのっかってあげましょう。

ナンバー 3 × ナンバー 8

相性

お互い気を使わないといけない関係

　ナンバー3と8は木と土の関係なので、相性はイマイチ。いつでも全力な3にとって、すべてにおいて読めない8は掴みどころのない相手です。とにかく8はいきなりやる気を出して走り出したり、そうかと思えば突然止まったりと、他人がコントロールすることはほぼ不可能です。

　そんな8が上司だと、何から手をつけていいのか教えてもらえなかったり、話かけてもリアクションがなくて困ったりして、3は当然ストレスがたまります。しかも、「叱られるようなことをしたかな……」と落ち込んで、3らしさを失うこともあるでしょう。

　一方、3が上司の場合は8にスピードを求めると、8はムスッとしてシャッターを下ろしてしまいます。

　カップルでも気まぐれな8が無意識に3を振り回しがち。気持ちにムラがあると自覚しつつ、3に合わせてもらえばうまくいきます。

> **トリセツポイント**
> 相手の特性を知ることが大事。8はときに頑固さを控えめに、3はスピードを求めすぎないで

HAPPY行動

お出かけは8のプランに3が合わせて

　ナンバー8は気持ちを態度に表すのが苦手なうえに表情が乏しく、誤解されやすいでしょう。そのため、言葉にしてきちんと伝えるように心がけると、3ともいい関係を築けます。

　また、8は自分を曲げるのが苦手で、自分の意見が通らないと不機嫌になることも。そのためお出かけの際は、8が3にプランを提案したほうが問題は起きにくいでしょう。

NG行動

文句を言いすぎると嫌われる

　ナンバー8は一度嫌いになった相手を、また好きになることはほぼないので、3は文句などを言いすぎないよう心がけないといけません。また、8は突拍子もない要求をしてくることがあるので、3はなるべく余力を残していないと対応できないことも。基本的に8は自分でも気づかないうちに頑固になりやすく、3と衝突しがちなので気をつけてください。

相性

♥♥♥♥♥♥♥♥♡

ノリもスピード感も合う抜群の相性

　ナンバー3と9は木と火の関係で、直感力があり素早く動ける9と、スピード感がある3という組み合わせになり、相性は抜群です。さらに食の好みが似ていると相性は満点に！

　仕事でも、ノリが合えばスムーズに作業を進めていけますし、優れた判断力がある9は、3が脱線しそうになってもうまく軌道修正し、状況を好転させます。3が上司なら、実力を見せれば9はしっかりついてきますし、9が上司なら、3は「かっこいいですね〜！」などとほめるとかわいがってもらえるでしょう。その一方で、9はかなり感情的なため、みんなに聞こえるような声で叱ることも。それでも、へこんだ3を9が食事に誘うなどして、きちんとフォローします。

　恋人としてつきあい始めると、個性的なスタイルでどんどん先を行く9を、3が一生懸命追いかけていく、仲むつまじいカップルになります。

> **トリセツポイント**
> ともにスピード感のある性格。ノリが大切なので相手のよさをほめましょう

HAPPY行動

9のよさをどんどんほめよう

センスのいいナンバー9は、身につけているバッグや小物、アクセサリーなどをほめてもらうのが大好き。しかも3は9がほめてほしいと思っているポイントを上手に見つけることができるので、どんどんほめてあげましょう。そうすれば9はうれしくなって、さらに関係もよくなるはず。また、お出かけプランも9のセンスに任せておけば問題ありません。

NG行動

見た目に気を使わないと嫌われる!?

ナンバー9は好き嫌いが激しいうえに、一緒にいてかっこいいか、美しいかどうかが相手の判断材料になります。当然、見た目がダサかったり時代遅れだったりするのはNG。3はおしゃれに挑戦しないと、9に見放されてしまうかも。また、しつこくベタベタしすぎたり、3がひとりの時間に没頭しすぎたりすると、関係がギクシャクするので気をつけてください。

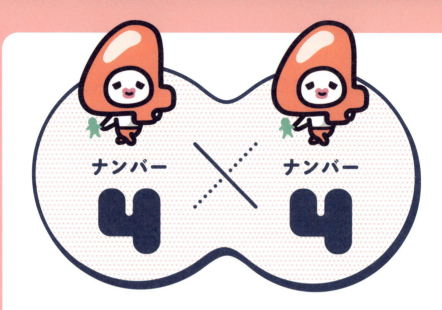

相性

譲り合いすぎてうまくいかない二人

　ナンバー4同士はともに木の属性なので、合わないわけではないものの、相性は普通。なぜなら、4は優柔不断で譲り合ってしまい、物事を決めきれないからです。

　また、4はプライベートが仕事に影響しやすいのが特徴。同僚同士ならそれほど気にしなくていいのですが、上下関係ではお互いにプライベートがうまくいっているときか、ともに悪いときでないと仕事がうまくいきません。どちらか一方が悪いと共倒れしかねないので、しっかり役割分担をしておく必要があります。

　カップルになってもとにかく優柔不断で、つきあっているかどうかわからないうちに自然消滅していた、なんてこともありそう。とくに同級生同士になると友達感覚が強く、一方はつきあっていると思っていても、もう一方はまったくそのつもりがなかったということもあるのです。

> **トリセツポイント**
> お互いに譲り合ってしまい物事が決まらない組み合わせ。役割分担をすると吉

HAPPY行動

自分たちは恋愛していると意識する

　本来恋愛体質で、ラブラブなときは恋愛が生活の中心になるナンバー4。ところが4同士だとお互いがあまりにも似ているせいで刺激が少なく、盛り上がることができません。恋愛をしているということを意識して言葉にすることも、恋愛をうまくいかせるコツです。結婚後も記念日を大切にするなどして、ドキドキを忘れないようにしましょう。

NG行動

相手の友達の悪口を言うのはダメ

　ナンバー4はとにかく協調性が高いので、仲よしであることを重要視します。万が一、直接悪口を言われても、相手との関係を壊したくないからと激怒するようなことはめったにありません。ただ、大切な友達の悪口を言われると、それが仲たがいのもとになってしまうことがあるので気をつけて。また、友達が多い分、目移りしがちな点にも要注意です。

相性

♥♥♥♡♡♡♡♡♡

5が4をグイグイひっぱる関係に

　ナンバー4と5は木と土の関係で、もともとの相性はイマイチですが、白黒ハッキリしている5がいろいろ決めてくれるので、4は迷わず進めます。

　基本的には5が4をひっぱっていく関係性なので、5が上司だと比較的うまくいくでしょう。ただ、5は勝負に勝って誰かを出し抜くことに重きをおく傾向があり、4をアゴで使いたがるので、4は5に振り回されがちに。4がそれでも居心地がよいと感じているならいいのですが、実際は押しつけられる傾向が強いようです。

　また、4が上司だと5が言うことを聞かないので4はイライラしっぱなしに。コントロールできないことが悩みの種になりやすく、チームワークも乱れる傾向にあるでしょう。

　カップルでも5が4をグイグイひっぱり、4も最初のうちは5の強さに惹かれますが、そのままだと5の言いなりになってしまうおそれがあります。

トリセツポイント

5が4を振り回しがち。
4は自分を見失わないように
裏では主導権を握って

HAPPY行動

ごほうびで5のやる気を出させる

　ダントツでオレさま気質のナンバー5には、ごほうび作戦が効果的です。「これを達成したら○○をあげるよ」「終わったらおいしいもの食べに行こう」などと声をかけると、5は特別扱いが好きなので、俄然やる気を出します。また、お出かけは5が仕切ることが多いですが、マンネリ化しやすいので、ときには流行に敏感な4がリードするといいバランスに。

NG行動

束縛したがって交友関係を壊す

　自己中心的なナンバー5が4を束縛し、協調性を大事にする4がガマンしてついていくことが多い組み合わせです。そのまま5の束縛が強くなって支配するようになると、4らしさが失われてしまうので、ときどきは自分たちの関係を振り返る必要があります。また、独占欲の強い5は4の交友関係を壊そうとしますが、4に嫌われるので気をつけましょう。

相性

♥♥♡♡♡♡♡♡♡

6が4にダメージを与えやすい関係

　ナンバー4と6は木と金の関係となり、残念ながら相性はよくありません。理論派でクールな6に、4が言い負かされてダメージを負うことがどうしても多くなってしまいます。

　仕事でも4が上司だと、6は「なんでできないんですか」と詰め寄り、それに対して4は反論できずにいるのです。4は恋愛や趣味などプライベートを充実させないと、勝ち目はありません。

　また、6にはいわゆる感情論が通用しないので、6が上司にだと部下になんでもやらせようとする厳しいタイプになります。すると4は甘えを許してもらえないので、やる気スイッチを無理にでもオンにするしかなく、それがストレスに。

　カップルの場合も、6がリーダー気質を発揮して4をひっぱるとうまくいきやすいですが、4を無理に従わせないようにしてください。

トリセツポイント

リーダー気質の6が4をひっぱるとうまくいく。ただ無理に従わせてはダメ

HAPPY行動

6にお任せするとうまくいく

ナンバー6がお出かけプランを決めたほうがうまくいくので、4は6を頼ってOK。6はとても喜んで張り切ってくれます。また、6は天のエネルギーを持っているので、4の好きな海辺で星空を見たり、プラネタリウムに行ったりすると、絆がグッと深まります。4がデートプランを立てるときは、6の知らない場所に連れていくのがおすすめです。

NG行動

4のやることにいちいち口を出す

ナンバー6は行動に意味を持たせたがり、4のやることにいちいち口を出しがち。すると4のアクティブさやフットワークの軽さが失われてしまうので、干渉しすぎはNGです。また、6は正論を突きつけがちなところもあるので、4がお出かけのプランを変更する際なども、6はきちんとした理由がないとすぐへソを曲げてしまいがちです。少し柔軟さを身につけて。

ナンバー4 × ナンバー7

相性

♥♥♥♥♡♡♡♡♡

つきあい始めると思いのほか合う

　ナンバー4と7は木と金の関係で、本来相性はそんなによくありません。ですが、どちらも気遣いがこまやかで人を大切にするタイプなので、実は意外とよく合う不思議な組み合わせです。

　ただ、仕事で7が上司だと、7のやり方を押しつけられたり、プライベートに踏み込まれたりして、4は苦痛を感じやすいかもしれません。また、一緒にいればいるほど7の神経質なところに影響されて、4のよさがどんどん薄れてしまうおそれも。

　一方、4が上司だと7は自由にできるので、仕事がうまく回るようになります。ただ、7は遊び心があり、自由にさせすぎるとだらけるクセがあるので注意が必要です。

　カップルの場合は、それぞれの友人の紹介などで出会って、恋に落ちるケースが多いようです。もし別れたとしても、仲のいい友人として交流を続けることがあります。

トリセツポイント

つきあうとなぜかうまくいく。4はストレスを感じたら距離を、7は自分のやり方を押しつけないで

HAPPY行動

4に磨きをかけると関係が良好に

センスのいいナンバー7が流行に敏感な4に磨きをかけると、4がきれいになるばかりか、関係もより良好になります。また、7の時間帯である夕方から夜に、おしゃれなバーやカフェに出かけると、より親密になれるでしょう。恋愛は告白前の時期やつきあってすぐなら、ダブルデートやグループデートをすると、周りが後押ししてくれてうまくいく確率がアップ！

NG行動

悪気なく二股や浮気に走る

お互いに社交的でいつもたくさんの友人や仲間に囲まれているせいか、どうしても恋人以外の人に目移りしがちなところがあります。恋愛に気まぐれなナンバー7は、ただ楽しければいいとばかりに後先を考えず、二股や浮気をしてしまう傾向も見られます。もっと恋人を大切にしないと、破局を迎えてしまうので気をつけましょう。

ナンバー4 × ナンバー8

相性

気分屋の8に4が振り回される

　ナンバー4と8は木と土の関係になり、相性はあまりよくありません。8は自分ではそう思っていないのですがかなりの気分屋で、4はどうしても振り回されやすくなります。

　また、8と仲よくしたいと思った4が合わせようと苦労していても、8はまったく関心を示しません。それは基本的に「好きならやればいい」というスタンスだからです。

　仕事では8が上司なら、4は言われたことを淡々とやるほうがいいでしょう。せっかく「やりましょうか？」と気を回しても、反応が遅かったり、かえって警戒されたりするからです。

　4が上司の場合は、8には気分にムラがあると理解したうえでコミュニケーションをとるといいでしょう。

　カップルの場合も8にとって4は臨機応変に動いてくれる貴重な相手。8もつきあっていると自覚すると落ち着き、関係が安定します。

> **トリセツポイント**
> 8は気分にムラがあることを前提に。4は気疲れしないように、8は口うるさく言わないように

HAPPY行動

山に縁のある場所に出かけて

　口数の少ないナンバー8は愛情表現も苦手なので、素直な4はもの足りなさを感じていそう。そのため、8は普段から自分の気持ちを言葉で伝えようと努力することが大切です。

　お出かけは4がコースを決めたほうがうまくいきますが、近場の山歩きに行ったり、山菜料理を食べに行ったりと、山に関する場所に行くと気分が上がり、二人の仲も進展します。

NG行動

お互いの欠点を指摘する

　ナンバー8があまりにも気分屋で、4は気疲れしてしまうことが多く、とくに寅年の8は気分のムラが激しいので要注意です。ただ、その気分のムラは無意識なので、4に気まぐれだと指摘されるのは不本意です。

　反対に、4も優柔不断なところを指摘されると、自覚があるだけにイラッとするので、お互い相手のことは大目に見るよう心がけましょう。

相性

お互いを認め合えるお似合いの二人

　ナンバー4と9は木と火の関係で、相性は抜群。アーティスト気質で人と衝突しやすい9にとって、協調性に富んだ4は安心できる相手です。お互いの美的センスが合えば、仕事のやり方や魅せ方などで意気投合して、いい結果を出せるはず。

　また、9の上司は改善点を見つけるのが上手なので、仕事を効率よく進められるでしょう。ただ口調が強くて辛口になる傾向があるので、部下が萎縮してしまいがち。そのため、口調を少しやわらげるようにすれば、よりよい関係を築けます。

　4が上司の場合は、その実直さで部下たちをうまくまとめます。やや感情的になりやすい9のことも上手にコントロールできるので、9は居心地のよさを感じられるはず。

　カップルの場合は、周りがうらやむような、華やかでお似合いなカップルになれる組み合わせです。

> **トリセツポイント**
> 感情的になりやすい9を
> コミュ力のある4がカバー。
> 9は批判の言葉を
> 少し抑えて

HAPPY行動

おしゃれして流行の場所に出かける

　お出かけする際は、流行の街やお店に出かけたり、インスタ映えするものを食べに行ったりすると、お互いに満足度が高くなります。また、出かけるときはそれぞれ自分に似合うファッションを身につけ、おしゃれも楽しむといいでしょう。

　流行を追うのが好きなナンバー4が、9にいろいろと教えてもらうようにすると、二人の仲がより進展します。

NG行動

相手のファッションを批判する

　センスのいいナンバー9は、人のファッションを批判したいという気持ちがどうしても強くなります。とくに辰年の9は美意識が高いので、4はついていくのがやや大変かも。しかも、その批判力があまりにも強すぎると、相手が萎縮してしまうこともあるでしょう。そのため、9は誰かとつきあうときに相手のセンスを尊重するようにしないといけません。

ナンバー × ナンバー
5 5

相性

♥♥♥♥♥♡♡♡♡♡

すごくいいか悪いかの両極端な関係

　ナンバー5同士はともに土の属性でとにかく強いので、どう転ぶかわかりません。上下関係をきっちりさせるのが大前提の組み合わせです。仕事では、5の部下は少しでも上司に逆らったら物が飛んでくるので、黙って従うしかありませんが、イエスマンすぎると上がダメになります。

　同期だと切磋琢磨して業績は上がるかもしれませんが、ライバル意識が強すぎてバチバチの関係に。

　5の上司は部下が自分を立ててくれると気分よく接しますが、やりすぎだと感じると疑心暗鬼になるので、部下はさじ加減を見極める必要があります。一方、部下に対していかに下手に出るかも重要で、上から押さえつけると反発され大トラブルに！

　カップルの場合も上下関係をハッキリさせ、なおかつ味覚の好みが合うとうまくいきやすいので、おいしいものを一緒に食べましょう。

> **トリセツポイント**
> どう転ぶか読めない二人。
> 上下関係をはっきりさせ
> 直感を信じて進もう

HAPPY行動

ごほうび作戦で機嫌をとる

お互いに白黒や好き嫌いをハッキリさせたがるので、あれこれ考えずに自分の直感を信じて進むほうがうまくいきやすいでしょう。ナンバー5にはごほうび作戦がいちばん効果的なので、好物をプレゼントするなどして、うまく機嫌をとるというのも関係を改善するポイントに。また、頼られると「任せろっ!」感を発揮して相手を大事にするようになるでしょう。

NG行動

高圧的になってしまうと反発

パワーが強すぎてどうしても衝突しやすく、穏やかな関係になりにくい組み合わせです。ナンバー5は相手に尽くすときも、どこか「してあげている」と偉そうなところがあるので、少しは謙虚な姿勢を見せるよう意識しましょう。そうでないと相手が反発して、さらにぶつかり合うことに。また、裏切りは絶対許さないタイプなので、お互いに気をつけて。

相性

6を5が抑えて良好な関係を築ける

　ナンバー5と6は土と金の関係で、相性はかなりいいです。正しさがすべての基準の6は、強引な5を唯一抑えられる存在だからです。

　仕事では6が上司のほうがうまくいきます。6は経験値を武器にして先を読みますが、その様子を見せて勝てない相手だと思わせれば、5は素直についてきます。また、部下の苦手なところを見つけて、自分は得意だとアピールするのもアリです。

　5の上司はできる後輩が好きで、自慢したいタイプ。6は言われたことをきちんとやっていれば何も言われませんが、関係をもっとよくしたいなら、5よりも優れているものを何かしら持つというのがポイントに。

　カップルの場合はロマンチックな気分が不足しがち。5の男性と6の女性の組み合わせだと、5のわがままを6が直そうとするうちに絆が深まることもよくあります。

トリセツポイント

6は5を抑えられる唯一の存在。恋人同士でもロマンチックになりにくいと心得て

HAPPY行動

6は少し引き、5はよく話を聞く

ナンバー5は6の意見に耳を傾けると、いい結果に導かれやすくなります。6が少し引いてあげるというのも、いい関係を持続するコツに。

カップルなら夜空が見える展望台やプラネタリウムなど、6の好きな場所に一緒に行くと、より関係が親密に。また、5が堅物の6を落としたいなら、ムードたっぷりな場所で好きをアピールすれば、いい関係に！

NG行動

だらしないところや隙を見せると×

ナンバー6がだらしないところを見せてしまうと、5はついてこなくなるばかりか、攻撃してくるので注意。とくに5は嫌いな相手だと、弱点を見つけて攻撃材料にしようとするので、6は隙を見せないようにしつつ、5より優れた知識や技術などを身につけるといいでしょう。

また、5は行動を制限されるのが大嫌い。6のアドバイスが有益なときは素直に取り入れるけれど、無駄と思ったら反発するので注意を。

相性

5が7に甘える居心地のいい関係に

　ナンバー5と7は土と金の組み合わせなので、居心地のいい関係を築けます。とくに、わがままな5が面倒見のいい7に甘える関係になりやすいでしょう。また、普段5は人の忠告をあまり聞きませんが、7のアメとムチのバランスがいいので、7の注意はきちんと聞きます。

　仕事では7が上司だと、5の強引さをうまくなだめつつバランスをとってくれるので、5はのびのびと仕事を進められます。反対に5が上司でも、説得力のある7のおかげで5の強さが中和され、とても仕事がやりやすい関係になるはずです。

　カップルの場合は、7が5の持ち味を上手に生かして、楽しくつきあえます。また、5が浮気に走っても、7は自分が好きなら幸せというタイプなうえに、「最後は自分のところに戻ってくる」と割り切るので、修羅場になりにくいでしょう。

> **トリセツポイント**
> 頼りにすると喜ぶ5を
> うまく手のひらで転がせる7。
> 5は7に任せるとGOOD！

HAPPY行動

頼りになる点をほめてあげる

ナンバー5の間違った部分を、7は気分を下げないように、丁寧に根気強く正してくれます。また、7はセンスがよく、もてなし上手なので、お出かけは7に任せると5も満足できるはず。一方、5は信頼されると喜ぶので、7は頼りになる点をどんどんほめてあげましょう。いつもは疑い深い5も、ほめ上手な7の言葉だと素直に喜びます。

NG行動

甘やかしすぎ&甘えすぎ

ナンバー5は必要以上に嫉妬する傾向があり、それがケンカの原因になりやすいので注意を。また、7が5を甘やかしすぎてしまうと、5がダメ人間になってしまうので、ときには厳しく接することも大切です。それでも5の態度が改まらないと、5の将来を案じた7が自らすすんで縁を切ることも……。5は甘えすぎないよう気をつけなくてはいけません。

相性

ドライな関係だとうまくいきやすい

　ナンバー5と8は土同士で相性はそこそこいいはずなのですが、なぜかとくにいいとはいえない組み合わせです。お互いに譲らないうえに、8は嫌いな人相手だと黙ってしまい、必要最低限のやりとりしかしなくなるので、仕事上の関係だと大変です。

　5が上司の場合、根がまじめな8はムスッとしながらも仕事をしますが、理不尽なことを言われると反発して、一切従わなくなります。

　一方、8が上司だとお互いを振り回す関係になりやすいでしょう。とくに5が8をなめてかかり、言いつけを守らずに平気で余計なことをする傾向が。そのため、5と8はドライな関係のほうがうまくいきます。

　カップルだと、独占欲の強い5が嫉妬深い8に振り回されがち。ただ、感情をぶつけ合ってケンカをしても、なんとなくおさまってしまうという不思議な関係でもあります。

トリセツポイント

ドライな関係でOK。5は独占欲を抑えて、8はできるだけ言葉にするように

HAPPY行動

5を頼ると張り切って結果を出す

ナンバー8は表情が乏しくいつも不機嫌そうですが、実は陽気さも秘めているので、5は第一印象で8のことを決めつけず、いいところを見つけようという意識を持ってください。

また、5は頼られるのが大好きなので、お出かけプランも5にリードしてもらうようにしましょう。すると8の好みに合わせたプランを考えてくれて、楽しい時間を過ごせるはず！

NG行動

別れ話がこじれるとトラブルに

性格や価値観でぶつかりやすく、とくに束縛を嫌うナンバー5は8の執着心や嫉妬深さをイヤがります。さらに5は、恋愛＝結婚と考える8を重いと感じるので、8は楽しい恋愛をしたいなら結婚願望を少し抑えて。また、相手を支配したい5と、思い込みが激しい8は、どちらもストーカー気質があるため、別れ話がこじれるとトラブルに発展するので要注意！

相性

合わないようでいてお似合いの二人

　ナンバー5と9は土と火の関係で相性は良好です。お互い我が強いので合わなそうに見えますが、意外といい組み合わせです。性格や価値観が比較的似ているうえに、切磋琢磨したいという気持ちも強く、感情的になってぶつかったとしても、いい結果を導き出しやすいのです。

　仕事では5が上司だと、9が言いっぱなしで忘れていることを、5が覚えているのでフォローして形にできます。

　逆に9が上司だと5が振り回されやすいので、5がしたたかでないとうまくいきません。一方、9は5の強いエネルギーに負けて、一気に老けてしまうこともあるでしょう。

　恋愛だと5が個性的な9に惹かれ、なんとか落とそうと必死になることが多いようです。9が5を翻弄することもありますが、5はなぜか9が相手だと素直に従い、とくに5の女性はその傾向が強めです。

トリセツポイント

ぶつかっても結果オーライ。5は外見に関するネガティブ発言に注意し、9はセンスをアピールして

HAPPY行動

9のセンスのよさを見せつける

みんなと一緒がイヤなナンバー9と、つねに何かを求める5は、反発し合っていても結果的にうまくいきます。5が9に寄っていったほうがうまくいくでしょう。一方、9はセンスのよさを5に見せつけることが大切です。お出かけも9が仕切り、流行のスポットや展望台のあるタワーなど高い場所に連れていくと、5は満足して9に惚れ直してくれるはず！

NG行動

なにげない発言が破局のきっかけに

ナンバー5は無意識に相手を傷つけやすく、9の見た目を悪気なくけなしがち。美意識が高く繊細な9はひどく傷つき、急に関係が破綻することも。一方、9の魅力がなくなると5が目移りして浮気しやすくなるので、自分磨きをおろそかにしないで。また、9の成長具合に5がついていけず、離れてしまうこともあるので、5のペースに気を配ることも大切です。

相性

♥♥♥♥♡♡♡♡♡

少しの違いでうまくいかなくなる

　ナンバー6と6は同じ金同士で、相性自体はそれほど悪くないのですが、基本的な価値観が違ってしまうと、うまくいかないことが多い組み合わせです。とくにルールのぶつけ合いになりやすく、どちらが正しいかで戦ってギスギスしてしまいがち。

　仕事では、上司が主導権を握って部下をしっかり把握することが大切です。また、率先して部下に対して「どうしたい?」「困っていることはない?」というように話を聞いてあげれば、反発されることなくすり合わせができて、比較的うまくいきます。ただ、6の部下は目上に厳しく、目下に優しいので、どうしてもバチバチの関係になりやすいでしょう。

　カップルの場合も似た者同士なので、相性抜群になることもありますが、少しでも違う部分があると一気に相性がダウン。また、お互い頑固なので、ケンカになると止まりません。

トリセツポイント

先に主導権を握ったほうが勝ち！ルールをぶつけ合うのは×。カップルはケンカに注意を

HAPPY行動

好きなことをしていればOK

　好きなことが似ているので、お互いに好きなことをしていれば、それだけでいい関係が保てます。

　お出かけは6の運気がアップする神社仏閣や世界遺産など、歴史があり文化的な価値のある場所に行くのがおすすめです。仲がギクシャクしてきたときは、星空観測やプラネタリウムなどに出かけると、仲直りしやすくなります。

NG行動

ルールを決めすぎるとひどい目に

　二人の間でルールを決めて、お互いにきちんと守るといい関係を築けますが、増やしすぎるのはNG。多すぎると守りきれなくなり、ルール違反をチクチクと指摘し合うおそれがあるからです。また、相手の欠点を指摘するのもやめたほうがいいでしょう。当然自分も同じ欠点を持っているので、ブーメランのように返ってきてしまいます。

お互いに補い合うバランスのいい関係

　ナンバー6と7は金同士で相性はいいほうです。とくに6の厳しさと7の甘さのバランスがよく、ストレスの少ない関係になります。
　仕事では6が上司だと、そのまじめさを7の部下がやわらげるので、6はメンバーを上手にケアできるようになって、チームワークが抜群に。さらに、7は部下の意見をまとめて上司に報告するなど、上と下の中和剤になることもよくあります。

　一方、7が上司になると6を呼び出して「厳しすぎるんじゃない？」と叱ることが多くなります。その半面、視野が狭い6の逃げ道をつくってあげることができるのも7ならでは。
　カップルの場合、人づきあいが上手な7は、やや正義感が強すぎる6のよい理解者になるので、6は助けられることが多くなります。一方、7は堅実な6のことを頼りがいがある人と感じることもあるでしょう。

> **トリセツポイント**
> 6は7に話を聞いてもらい、7は6にリードしてもらうとストレスのない関係に！

HAPPY行動

パリピな7を上手にハンドリング

ナンバー6はノリで行動しがちな7をしっかりハンドリングできると、よりよい関係になります。一方、6も7が話をよく聞いてくれるので、やはりバランスのいいコンビです。

お出かけは7がリードすると、刺激的な時間を過ごせます。イチオシのスポットは、勉強好きな6と楽しいことが好きな7が一緒に満足できる、アミューズメント系のミュージアムです。

NG行動

6の正しさの押しつけで関係が悪化

ナンバー6が7の意思を尊重せず、命令ばかりしていると関係悪化の原因に。勘が鋭く判断に自信のある7に、6が自分の正しいと思うことを押しつけると、やはり険悪な状態になるので要注意。また、7は6に親のように接したがりますが、煙たがられるおそれが。とくに、戌年の6と子年の7はギスギスして疲れる関係になりやすいと覚えておきましょう。

> 相性

♥♥♥♥♥♥♥♡♡

淡々と目標を達成するまじめコンビ

　ナンバー6と8の金と土の関係は、似ている部分が多いまじめなコツコツ型でもあり、相性は抜群です。仕事などでプロジェクトが始動すれば、堅実かつ計画的に、淡々と目標に向かって進められるコンビです。

　6が上司だと、8は決められたことを従順にやってくれるので、安心して任せられます。一方、8が上司だと6は素直に言うことを聞く頼もしい部下になり、どちらが上司になっても上下関係は良好といえます。しかも、6にとってじっと待ってくれる8は、安心できる上司のはず。8は気分にムラがあるため、途中でスピードが変化することもありますが、二人ともきっちり最後までやりとげることができるタイプです。

　カップルも似た者同士で基本的にはいい関係を築きます。デートプランは、気まぐれな8よりも6が決めたほうがうまくいきやすいでしょう。

> **トリセツポイント**
> 8の気分のムラを指摘するのはNG。気分屋の8より責任感の強い6がリードすると◎！

HAPPY行動

信頼していることを言葉で6に伝える

ナンバー6は頼られると喜ぶので、8が信頼していることを伝えるととても喜ばれて、関係もより良好に。お出かけは、6の経験を生かしたプランで8をリードすると◎。

一方、二人とも変化が苦手なので、行き慣れた場所もおすすめです。ケンカしたときは思い出の場所に行くと、仲のよさを思い出していい関係が続いていくでしょう。

NG行動

8を一方的に否定すると険悪に

どちらも頑固で融通がきかないので、一度すれ違ってしまうと話が堂々巡りに。どこまでいっても一致しなくなるおそれがあるので、歩み寄る努力が必要です。また、ナンバー6は8の気まぐれなところがイヤになり責めたくなりますが、徹底的に否定すると8に反発されて関係は険悪に。8も6の言い分をきちんと聞いて、自分の意見を伝えるよう意識を！

相性

♥♥♡♡♡♡♡♡♡

正反対の性格でわかり合えない

　ナンバー6と9は金と火の組み合わせで、なかなか大変な関係です。6は最も感情論を嫌い、9は最も感情的という、正反対の性格をしているからです。また、9はルールや上下関係、慣習などを嫌って壊しにかかる傾向が強いので、ルールや結果、正しさを重要視する6とは合いにくいでしょう。

　そのため、9は6の上司がつくったルールも、「ないほうが効率よくなりますよ」などと平気で崩そうとします。ただ、9のほうが人気はあるので、多数決だと9が勝ちやすく、6は意に反して自分を曲げなくてはいけない状況になりがちです。

　一方、9が上司だと、6は状況がコロコロ変わることに戸惑い、ついていくのが大変です。しかも、自分らしさを保てなくなりがちに。

　カップルも衝突しがちでお互いに譲らないため、疲れきってケンカ別れすることが多いでしょう。

> **トリセツポイント**
> 6はおしゃれを教えてもらい、9は正しさを認めてあげると仲よくなれるはず

HAPPY行動

6が9に寄り添う気持ちを持つ

ナンバー6はつい9を言い負かそうとしてしまいますが、寄り添う気持ちを持つことが関係の修復につながります。お出かけするときも、無理をしてでも6が9のプランにのっかったほうが、文句が出にくいでしょう。また、6は9のセンスに一目置いているので、9がおしゃれな服装を選んであげるというのも、良好な関係を築くのに効果的です。

NG行動

仲直りしても反論しても無駄足に

頭を下げたくないナンバー9と、正しいことを理解させたい6はすぐ衝突し、仲直りするまでとても時間がかかるので、結局わだかまりが残りやすいでしょう。また、6は9に理詰めで反論しようとしますが、感情的に言い返されたり、逆にスルーされて対話の場面さえつくってもらえなかったりします。そうなったら、しかたないと割り切るしかありません。

相性

♥♥♥♥♥♡♡♡♡

エンターテイナー同士の組み合わせ

　ナンバー7同士はともに金の属性で、楽しくキラキラしたものが大好きな、もてなし上手の似た者コンビ。エンターテインメントや食に関する仕事だと最強の組み合わせですが、相性の良し悪しが極端なのも特徴です。

　仕事では上司が部下をあまり押さえつけないことが肝心です。また、部下に気を使いすぎていると、いつまでも壁が取り払えないので、一緒にランチに行くなどフランクな関係になるよう心がけましょう。一方、部下は上司の言うことを素直に聞くようにすると問題が起きにくいでしょう。ただ、もし大きなトラブルがあっても、フォローし合えるコンビです。

　カップルも好みが似ているので基本的に楽しく過ごせますし、別れた後に友達関係を継続する人も。ただ、どちらかが子年か卯年生まれだと、「プレゼントを返して」と詰め寄るなど、めんどくさいことになりがちです。

> **トリセツポイント**
> 気を使いすぎず素直が一番！おいしいものや楽しいことが二人の仲を進展させる

HAPPY行動

本音で話し合ってときには離れる

お互いに気を使いすぎてしまう傾向が強いので、いかに本音で話し合えるかが、より関係をよくするポイントに。一緒にいすぎないほうが、気を使わなくてすむので、うまくいくこともあります。

お出かけするなら、グルメな二人でおいしいお店を探し歩くといいでしょう。音楽系のイベントで思いきりはじけるというのもおすすめです！

NG行動

相手を放置しすぎて別れ話に発展

お互い多趣味な人なので、それぞれが自分の趣味に没頭しすぎると、当然すれ違いが起きてしまいます。しかも、似た者同士のせいで、わかり合えているはずとつい安心してしまいがち。また、あまり一緒にいなくても大丈夫な間柄ではあるのですが、あまりにも相手のことを放っておくと、別れ話に発展しかねないので、さじ加減を見極めて。

陽気さと頑固さのバランスが絶妙

　ナンバー7と8は金と土の関係になり、陽気な7と頑固な8でバランスがとれて、なにげに相性がいい組み合わせといえます。8は寡黙でやや難しいところがありますが、コミュニケーション能力が高くて気遣いのこまやかな7が支えてくれます。逆に、必要以上に冒険しようとする7を、8がうまくサポートすることもあるでしょう。

　仕事では8が上司の場合、7に「思うようにやってみて」と言えると、7がのびのび活躍でき、いい方向に進みます。また、7が上司なら、好き嫌いにかかわらず、何事もまじめにやりとげる8にサポートを任せれば、自由に仕事ができるようになって効率もアップするでしょう。ただ、7が陰気で面白みがない上司だと、8のよさが出ないこともあります。

　カップルの相性も良好ですが、7が頑張って盛り上げることが多くなり、やや疲れることもありそうです。

トリセツポイント

7は気遣いで8を支え、8はサポート役で7を助ければWin-Winの関係に！

HAPPY行動

7が8をリードするとGOOD

ナンバー8は7の長所を理解し、やりたいことを尊重してあげると、より関係が良好に。お出かけは7に任せると、8に合う場所を見つけてくれるので、うまくいきやすいでしょう。

ただ、8に合わせてばかりだと7の不満がたまってしまうので、たまには友達との夜遊びで発散して。また、そのときは正直に遊んでくると報告したほうが、8は安心できます。

NG行動

7の交友関係に口を出すのはNG

自分や身内を大切にするナンバー8は、交友関係の広い7に不満を抱きがち。その不満が爆発すると、もっとかまってほしいとわがままを言いたくなりますが、7にとっては友達も大切なので、その発言から8との関係にヒビが入ることも。8は自分の思いばかりを押しつけないように気をつけて。ちなみに、8は子年生まれの7に翻弄されがちなので注意を。

相性

♥♥♥♡♡♡♡♡♡

お互いにぶつかりルーズにもなりがち

　ナンバー7と9は金と火の関係で、相性はイマイチ。お互いにセンスと美意識が高いせいでぶつかりがちなうえ、9が甘えたがって7が疲れてしまうのです。締めるところを締めないと、とんでもない失敗をする可能性も大！

　とくに9が上司だと「今日はもう遊びに行こう！」と切り上げ、7ものっかるので仕事に支障をきたします。企画がせっかく通ったのに、その後脱線しまくり、形にならないまま終わることも。ここは7が「終わらせましょう！」と言い続け、9は部下を連れ回さないよう心がけて。

　反対に7が上司だと、きちんと終わらせてから遊ぼうとするので、さほど問題は起きません。また、9の部下に対して遊び心をうまく発揮して飽きさせない、理想の上司に！

　カップルも尊重し合えれば、いい関係を築けます。ただ、記念日を忘れると大ゲンカになるので要注意！

> **トリセツポイント**
> 7はだらけやすい9を鼓舞し、9は7のよさを認めて尊重し合うと関係が良好に

HAPPY行動

二人きりになれる場所で楽しく過ごす

ナンバー9は、7が好きなイベントやパーティーについていくと、人気者の7を独占できないため、なかなか楽しめません。そのため、お出かけスポットは二人きりになれる場所がベストです。中でもカラオケボックスなら、マイクを独占して歌いまくる9を、もてなし上手の7が盛り上げてくれるので、二人きりの楽しい時間を存分に過ごせるでしょう。

NG行動

すぐ遊びモードになってさぼりがち

このコンビはオンオフの切りかえが苦手で、仕事でも遊びモードになりがちです。しかも遊びの中から何かが生まれると思っている節もあり、さぼらせたら一番です。時間にルーズなところがあるため、締めるところは締め、守りを固めないとダメージが大きくなってしまいます。ナンバー9の要求がエスカレートすると、破局につながることもあるので注意を。

相性

♥♥♥♥♥♡♡♡♡

相性が読めないまじめな気分屋同士

　ナンバー8同士はともに土の属性で、良し悪しがはっきり分かれる読めない相性です。まじめで気分屋なところが似ているので仲は悪くないのですが、あまり関わろうともしません。

　また、ほかに誰かがいればまとまりますが、そうでないと黙々と自分のすることに専念します。

　仕事では上司が8の部下をハンドリングするのは、かなり難しいでしょう。意見を聞いても返ってきませんし、やるべきことを与えてわかりやすく指示を伝えたら、あとは放っておきましょう。また、8は目で見て盗めという職人タイプ。部下はよく上司を観察し、ついでに気分も確認して対応を変えられれば完璧です。

　カップルの場合は、会話がなくても気まずくならないので、居心地のいい関係です。ただ、急にケンカしたかと思ったら、次の瞬間にラブラブになるようなところがあります。

トリセツポイント

ある程度、放っておくことがお互いにとってプラスに。大事なことは書面に残して！

HAPPY行動

定番を複数用意しておく

あまり変化を好まないうえに、行きたい場所が気分で変わるナンバー8同士。カップルなら、例えばスイーツを食べたいとき、買い物をしたいときなど、定番のお出かけコースをいくつか用意しておくのがおすすめ。マンネリ化しても平気なので、無理に流行の場所に出かける必要はありません。また、記念日には慣れ親しんだ場所に行くといいでしょう。

NG行動

メールや書面に残さないとトラブルに

気分屋同士なので、急に意見が変わってケンカになることもしばしば。さらに、二人ともかなり忘れっぽいので、大事な連絡や事柄はきちんとメールや書面に残すよう心がけましょう。そうしないと、仕事でもプライベートでもトラブルをまねきかねません。また、お互いに気にしている無愛想なところを指摘されるとイラッとするので、触れないのが賢明です。

> 相性

♡ ♡ ♡ ♡ ♡ ♡ ♡ ♡ ♡

長所を生かしついい距離感を保つ

　ナンバー8と9は土と火の関係で、相性は抜群。イケイケの"かまってちゃん"である9を、優しい8が後ろで守るような組み合わせでしょう。

　仕事では8が上司だと、9が羽目を外した瞬間、冷静に注意します。部下の9も上司を静観し、お互いのよさを生かしていい距離感を保つので、息の長いコンビになります。

　9が上司だと、8は9の騒がしさを苦手と感じつつも、堅実に学ぼうとします。普段9はそれほど面倒見がよくないものの、8から教えを請われると「かっこいい先輩」と思われたくて、喜んで指導します。

　カップルの場合、結婚願望が強い8は9とつきあい始めると、ほかに目移りせず一途に思い続けます。また、9が8の気分にかまわずおしゃべりしてくれるので、8は居心地のよさを感じていそう。一方、9も自分を一番に考えてくれる8を心から信頼します。

> **トリセツポイント**
>
> 8は優しさを見抜かれると大喜びし、9もセンスをほめられると鼻高々。いい関係が続きます

HAPPY行動

思い出の地を訪ねて初心に返る

　ナンバー8からセンスのよさをほめられると9はウキウキ。一方、8は9が優しいところを見抜いてくれるのでうれしくてしかたありません。お出かけでは8が一歩引いて、9の希望を優先したほうがうまくいきますが、二人の思い出の場所がイチオシ。とくにつきあい始めの頃に行った場所なら、相手への愛情を思い出し、より相性がよくなります。

NG行動

9がなんでも自分勝手に決めたがる

　ナンバー9は自我が強いせいで、なんでも自分勝手に決めたがります。すると8は不満をためてしまうので、たまには8の希望を聞いてあげるようにしましょう。そうしないと関係が悪化して、カップルの場合は破局してしまうおそれも。また、9は8が浮気を許してくれても反省しないでいると、後から痛いしっぺ返しをくらうこともあるでしょう。

相性

相性がすごくいいか悪いかで二極化

　ナンバー9同士はともに火の属性となり、ド派手でプライドをぶつけ合うような関係性で、相性がよければ大化けしますが、ケンカばかりになる可能性もあります。とくにセンスの批判合戦になりやすく、周りを振り回して"焼け野原"にしてしまうことも。

　仕事では、上司が部下の見栄えを批判すると、二度とついてこなくなります。反対に、同じものが好きな相手ならすごくうまくいきます。ファッションや美容、かっこいいもので共感できると、仕事上でもよりよい関係を築けるようになります。

　カップルの場合、サプライズや記念日が好きな者同士で、「初めて下の名前を呼んだ記念日」など、なんでも記念日にしてしまう傾向が。ただ、やはり好きなものが一致していないとケンカが絶えません。しかも相手に責任を押しつけるばかりで、収拾がつかなくなることも多くなります。

トリセツポイント

サプライズや記念日を楽しみ、見栄えの批判を封印して関係が好転。怒りのツボを押さえることも◎

HAPPY行動

お互いを思いきりほめ合う

二人の関係をよりよくしたいなら、お互いをほめ合ってください。ほめられたらうれしいですし、叱るときも一度ほめてから叱って。そうやってほめて伸ばすのがナンバー9には合っています。ただ、ほめるときに「私ほどじゃないけど」と余計なひとことを言うと台なしに！　また、相手の火種＝怒るポイントを知っておくと、関係を維持するために役立ちます。

NG行動

見栄えを批判し記念日を忘れる

相手の見栄えを批判すると、関係悪化の原因に。どうしてもひとこと言いたいなら、よりおしゃれになるような提案をすれば聞いてもらえます。また、記念日が好きなのに忘れっぽいせいでうっかりスルーし、ちゃんと覚えている相手と大ゲンカに。記念日はスマホやメモに記録して忘れないようにしないと、関係悪化の原因になるので注意して！

おわりに

最後まで『琉球風水志シウマのナインナンバー[占い大全]』を読んでいただき、ありがとうございます。

この占いのベースとなっている九星気学はもともと、王様や権力者が民を統治するために使っていたものなのですが、時代とともに誰でも使えるようになりました。

つまり、この占いを上手に活用すれば「このナンバーの人はこういう特徴を持っているんだ」とわかり、相性の良し悪しも一目瞭然！相手をより理解することでバランスのいい人間関係を築けるでしょう。

職場なら、その人の特徴に適した部署に配置すれば、効率が上がるうえにハラスメントなども減るはずです。席を決めるときも、ナンバー3と4は隣でもいいのですが、3と5は離さないとトラブルが起きやすい、といったこともわかります。

また「相手に自分の思いがなかなか伝わらない」など対人関係での悩みがあるなら、相手の生まれ年を調べてそのナンバーに合った接し方を試してみましょう。すると、関係が好転することがあります。

もちろん、この占いは自己分析にも活用してください。
あまり自分には当てはまらないなと思っても、
「実はこういう特性を秘めているのかも」と受け入れて、
アドバイスどおりに試してみると、思いのほか腑に落ちたり、
その行動自体が開運につながったりします。

とくに現状がうまくいっていない人ほど、
当てはまっていないと感じるかもしれません。
それは、本来の自分が持つエネルギーを把握できておらず、
うまく使えていない可能性が高いのです。

この本をしっかり読むことで自分と相手をよく知り、
あなたの才能が生かされ、人間関係が好転することを
心から願っています。
「ナインナンバー」をきっかけに
あなたの毎日が平和で楽しく、素敵に輝きますように。

2024年10月
琉球風水志シウマ

PROFILE

シウマ
琉球風水志

沖縄県出身。琉球風水師である母の影響で琉球風水を学び始めたのち、姓名判断や九星気学などを基にした独自の「数意学」を考案。これまでに延べ5万人以上を鑑定、多くの企業経営者、著名人からの支持を得ている。主な著書は『生まれた日にちで性格がわかる！ シウマの31日占い』(主婦の友社)、『琉球風水志シウマの恋占い』(SDP)ほか。多くのメディアやイベント出演のほか、YouTube (@ryukyu-shiuma)での動画配信も行っている。

STAFF

デザイン／高山圭輔
イラスト／藤本けいこ
取材・文／秋月美和
校正／荒川照実
DTP制作／伊大知桂子（主婦の友社）
編集協力／黒島愛深、村上星奈、松田奈々恵（SDM）
編集担当／浅見悦子（主婦の友社）

琉球風水志シウマのナインナンバー [占い大全]

2024年11月29日 第1刷発行

著 者　シウマ
発行者　大宮敏靖
発行所　株式会社主婦の友社
　　　　〒141-0021
　　　　東京都品川区上大崎3-1-1目黒セントラルスクエア
　　　　電話03-5280-7537（内容・不良品等のお問い合わせ）
　　　　　　049-259-1236（販売）
印刷所　中央精版印刷株式会社

©SDM Co., Ltd. 2024 Printed in Japan
ISBN978-4-07-460397-8

■本のご注文は、お近くの書店または主婦の友社コールセンター（電話0120-916-892）まで。
＊お問い合わせ受付時間　月〜金（祝日を除く）　10:00〜16:00
＊個人のお客さまからのよくある質問をご案内しております。https://www.shufunotomo.co.jp/faq/

Ⓡ〈日本複製権センター委託出版物〉
本書を無断で複写複製（電子化を含む）することは、著作権法上の例外を除き、禁じられています。
本書をコピーされる場合は、事前に公益社団法人日本複製権センター（JRRC）の許諾を受けてください。
また本書を代行業者等の第三者に依頼してスキャンやデジタル化することは、たとえ個人や家庭内での利用であっても一切認められておりません。
JRRC〈https://jrrc.or.jp　eメール：jrrc_info@jrrc.or.jp　電話：03-6809-1281〉